透过"机会之窗"
分析苗族经济困境与路径依赖

陈宗富　著

中国社会科学出版社

图书在版编目（CIP）数据

透过"机会之窗"分析苗族经济困境与路径依赖/陈宗富著 . —北京：
中国社会科学出版社，2018.3
ISBN 978 - 7 - 5203 - 1197 - 7

Ⅰ.①透…　Ⅱ.①陈…　Ⅲ.①苗族—区域经济发展—研究—文山市
Ⅳ.①F127.744

中国版本图书馆 CIP 数据核字（2017）第 249876 号

出 版 人	赵剑英	
选题策划	刘 艳	
责任编辑	刘 艳	
责任校对	陈 晨	
责任印制	戴 宽	

出　　版	中国社会科学出版社	
社　　址	北京鼓楼西大街甲 158 号	
邮　　编	100720	
网　　址	http://www.csspw.cn	
发 行 部	010 - 84083685	
门 市 部	010 - 84029450	
经　　销	新华书店及其他书店	

印　　刷	北京明恒达印务有限公司
装　　订	廊坊市广阳区广增装订厂
版　　次	2018 年 3 月第 1 版
印　　次	2018 年 3 月第 1 次印刷

开　　本	710×1000　1/16
印　　张	11.25
插　　页	2
字　　数	181 千字
定　　价	46.00 元

凡购买中国社会科学出版社图书，如有质量问题请与本社营销中心联系调换
电话：010 - 84083683

目　　录

第一章　导论 ……………………………………………… （1）

第一节　研究背景 ………………………………………… （2）

一　选题缘起 ……………………………………… （3）

二　有关苗族经济的研究现状 …………………… （5）

三　研究界定 ……………………………………… （10）

第二节　社会转型中的苗族经济 ………………………… （11）

一　苗族概要 ……………………………………… （11）

二　转型中的苗族经济社会 ……………………… （13）

第三节　研究方法和可能的创新点 ……………………… （16）

一　研究方法 ……………………………………… （16）

二　可能的创新点 ………………………………… （18）

第二章　农业经济理论综述 ……………………………… （19）

第一节　相关理论溯源 …………………………………… （20）

一　机会之窗理论 ………………………………… （21）

二　路径依赖理论 ………………………………… （22）

三　发展经济学理论 ……………………………… （23）

四　农业生态理论 ………………………………… （30）

五　农业区域开发与布局理论 …………………… （32）

第二节　实证研究综述 …………………………………… （34）

一　全要素生产率理论 …………………………… （34）

二　全要素生产效率的测算方法 ………………… （38）

　　三　全要素生产率实证研究动态 ……………………………（41）

第三章　苗族农业调查现状统计性描述分析 ………………（43）
　第一节　文山市及文山苗族概况 …………………………（44）
　　一　文山市概况 …………………………………………（44）
　　二　文山市境内苗族概况 ………………………………（45）
　第二节　苗族农业调查现状 ………………………………（47）
　　一　人口与家庭规模 ……………………………………（47）
　　二　农业主要经济指标统计性描述分析 ………………（48）
　　三　苗族生活水平分析 …………………………………（49）
　第三节　苗族农业劳动生产效率评价 ……………………（51）
　第四节　苗族农业资本要素评价 …………………………（53）
　第五节　苗族农业土地资源与耕地效率评价 ……………（55）

第四章　苗族农业生产效率测算与实证分析 ………………（60）
　第一节　生产效率分解与讨论 ……………………………（60）
　　一　投入导向的生产效率 ………………………………（60）
　　二　产出导向的效率分解 ………………………………（62）
　　三　规模效率讨论 ………………………………………（63）
　第二节　生产效率测度方法 ………………………………（65）
　　一　数据包络分析（DEA）………………………………（65）
　　二　随机生产前沿（SFA）方法 …………………………（71）
　第三节　基于 DEA 方法的苗族农业生产效率测度 ………（75）
　　一　模型建构 ……………………………………………（76）
　　二　数据说明与变量定义 ………………………………（76）
　　三　模型估计与估计结果解析 …………………………（77）
　第四节　基于随机生产前沿（SFA）的苗族农业技术效率
　　　　　评价 ………………………………………………（86）
　　一　理论框架分析及模型选择 …………………………（87）
　　二　模型估计 ……………………………………………（90）

三　模型假设检验 ·· (90)

四　估计结果解读 ·· (92)

第五章　苗族农业人力资本实证研究 ···················· (95)

第一节　人力资本理论的演进与发展 ···················· (95)

一　人力资本理论渊源 ·································· (96)

二　现代人力资本理论 ·································· (99)

三　当代人力资本理论 ································· (104)

第二节　人力资本的测算与评价方法 ··················· (107)

一　成本法 ··· (107)

二　教育年限法 ······································· (108)

三　收益率计量法 ····································· (109)

第三节　苗族农业人力资源调查现状 ··················· (110)

一　苗族人口结构分析 ································· (111)

二　苗族教育调查现状统计描述分析 ··················· (111)

三　苗族农业劳动力文化程度分析 ····················· (118)

第四节　苗族农业人力资本实证分析 ··················· (120)

一　理论分析框架 ····································· (120)

二　模型设计和数据说明 ······························· (122)

三　模型估计 ··· (123)

四　假设检验与结论解释 ······························· (124)

第五节　人力资本与苗族农业可持续发展 ··············· (127)

一　教育在人力资本形成中的价值与意义 ··············· (127)

二　农业可持续发展以教育为本 ······················· (128)

三　苗族教育与开发农业人力资源 ····················· (130)

第六章　苗族经济困境成因分析与路径依赖 ············ (132)

第一节　当前困境 ··································· (132)

一　人均农业资源占有量少且生产效率低 ··············· (132)

二　组织与配置资源能力弱 ··························· (133)

三 农业产出的源动力主要来自土地 …………… （134）

四 人力资本对农业发展的驱动力弱 …………… （134）

第二节 探析传统路径依赖的局限性 ……………… （136）

第三节 打开苗族经济困境的"机会之窗" ………… （141）

第七章 结论 ………………………………………… （151）

第一节 主要结论归纳 ……………………………… （151）

第二节 本书局限与待续研究 ……………………… （155）

附录 …………………………………………………… （156）

附录 A 苗族村农业调查方案 ……………………… （156）

附录 B 苗族村农业经济情况调查问卷 …………… （159）

参考文献 ……………………………………………… （163）

后记 …………………………………………………… （172）

第一章 导论

我国是一个多民族的国家，国家的兴盛取决于各个民族的平衡发展。从十一届三中全会到邓小平南方谈话，再到一个个五年计划的顺利实现，中国的经济实力得到了世界的认可。中共十七大报告指出："中国特色社会主义伟大旗帜，是当代中国发展进步的旗帜，是全党全国各族人民团结奋斗的旗帜。……全面建设小康社会是党和国家到二〇二〇年的奋斗目标，是全国各族人民的根本利益所在。"[①] 十八大报告中也指出："十年来，我们取得了一系列新的历史性成就。中国的经济总量从第六位跃居世界第二位，社会生产力，经济实力，科技实力得到极大的提升；老百姓的生活水平，收入水平，社会保障迈上了一个新台阶；综合国力，国际竞争力和国际影响力日益增强，一个新的国家面貌发生了历史性变化，为全面建设小康社会打下了坚实的基础。应当承认，这是中国经济持续稳定发展，文化日益繁荣，民主不断完善，社会保持稳定的重要时期，是着力于保障和改善民生，让人民群众得到更多实惠的关键时期。在未来，要全面正确地贯彻党的民族政策，坚持和完善民族区域自治制度，把共同奋斗，共同繁荣作为各民族发展的主题，积极深入开展民族团结进步教育，统筹和加快民族地区的发展，切实保障少数民族的合法权益，巩固和发展和谐的社会主义民族关系，平等、团结、互助，促进各民族和谐发展。"[②]

[①] 胡锦涛：《胡锦涛在党的十七大上的报告》2007 年 10 月 24 日，新华网（http：//news. sina. com. cn/c/2007 – 10 – 24/205814157282. shtml）。

[②] 胡锦涛：《人民日报全文刊发胡锦涛十八大报告》，《人民日报》2012 年 11 月 18 日第 1 版。

第一节 研究背景

　　民族聚居区由于历史的原因，往往也是我国经济最为落后的地区。鉴于少数民族地区的实际现状，中华人民共和国成立后，国家为帮助、扶持民族地区发展经济制定和采取了一系列特殊的政策和措施，以支援民族地区的发展。这一思想体现在《中华人民共和国民族区域自治法》中，上级国家机关帮助民族自治地方发展的义务有十三条规定。同时在制订国民经济和社会发展计划时，国家还有计划地在少数民族地区安排一些重点工程，使少数民族地区的经济结构得以调整，从而发展多种产业，使民族地区的综合经济实力得到提升。

　　进入 21 世纪，国家大力加快少数民族和民族地区的发展，部署了三项主要工作。

　　第一项是西部大开发战略。这是为贯彻邓小平关于我国现代化建设"两个大局"战略思想，面向 21 世纪做出的重大战略决策，西部大开发成为全面推进社会主义现代化建设的一个重大战略部署。从 2000 年开始，西部大开发为我国少数民族地区经济的发展带来了巨大变化。2012 年 2 月，国务院批复同意了第三个西部大开发五年规划——《西部大开发"十二五"规划》，从开发理念、开发方式、开发布局、开发重点、开发机制、开发政策六个方面，进一步明确了深入实施西部大开发战略部署的基本思路。国家民委落实中央提出的西部大开发的战略，为加快边境少数民族和民族地区发展实施的具体举措。覆盖范围包括分布在我国 2.1 万公里陆地边界线上的 135 个县（区、市）。主要内容大致有三个方面：一是加大基础设施建设；二是大力培育县域经济增长机制和增强自我发展能力；三是努力提高人民生活水平。

　　第二项是开展"兴边富民行动"。2000 年正式起动，至 2002 年，"兴边富民行动"全国实际投入资金已达 150 亿元，兴建和兴边富民项目达到数万个，已使 2100 万多人从中受益，较大地改变了民族地区交通，水电，通信等生产生活基础设施条件①。至 2010 年，云南已启动实施了两轮兴边富民工程，完成各级各类投资 425 亿元，支持边境地区实施了 6 大工程和 30 件惠民惠农实事，受益群众达 18.2 万户，76.4 万人。深入开展的扶持人口较少民族发展工作，共投入各项扶持资金 27.2 亿元，大力实施基础设施建设和特色优势产业项目，至 2010 年年底，全省 175 个人口较少民族聚居村全部实现了"四通五有三达到"的扶持目标。另外对拉祜族支系苦聪人，瑶族支系山瑶人，彝族支系僰人、山苏，白族支系勒墨人，布朗族支系莽人、克木人，新归属傣族人、布朗族的八甲人、老品人等聚居的自然村，通过实施整村推进和特色产业扶持，使这些深度贫困少数民族群体的生产生活水平明显提高。

第三项是将 22 个人口较少的民族作为重点帮扶对象。人口在 10 万人以下的民族属于人口较少民族，全国共有 22 个，人口总量不足 60 万人。这 22 个少数民族由于居住的地理环境恶劣，至今部分还进行着原始的农耕生产方式，发展水平非常低。国家计划在 2010—2020 年，将投入总额 50 亿元，平均每年投入 5 亿元扶持帮助这 22 个少数民族的发展，国家这些措施的实施，在很大程度上帮助少数民族摆脱了贫困，为其社会经济的进一步发展提供了物质基础。

一 选题缘起

苗族是一个起源于中国，并在中国、东南亚、欧美等地区十几个国家跨国而居的少数族群。历史上，由于战争等原因，生活在黄河中下游的苗族先民被迫不断迁往大西南地区，例如，滇黔边的乌蒙山，黔南的大小麻山，黔东南的苗岭、月亮山，湘黔川边的武陵山和广西的大苗山等。迁徙并未止步于此，有的甚至越出国境，迁往东南亚的越南、老挝、泰国、缅甸以及欧美、加拿大、阿根廷、法国、澳大利亚等国家。在漫长的历史长河中，作为我国人口较多的少数民族之

① 张新平、陈胜：《"兴边富民行动"的理论思考及建议》，《湖北民族学院学报》2011 年第 3 期，第 127 页。

一，苗族文化体现了苗族人民的精神和智慧，也客观反映了苗族民族经济活动的历史与现实。

改革开放以来，随着市场经济的发展，苗族人民生活水平有了很大的提高，但与其他先进民族相比，依然存在很大差距。诸如白族、回族、纳西族、傣族等少数民族很早已经从事精耕细作的传统农业，随着科学技术的传入，他们在农业生产过程中逐步形成了一些比较科学的经营管理方式和生产技术，生产力呈现出比较高的水平。而云南苗族的部分地区至今仍带有原始农业的痕迹，还不同程度地存在着"刀耕火种"的古老生产方式，靠天吃饭的现象非常突出。在比较偏僻的高寒山区仍有未解决温饱、未通电、未通公路的村寨。这样的条件、这样的基础，不要说和汉族、白族比较，即使是与相临而居的壮族相比，苗族居住区的经济社会发展也是相当落后。

作为来自高寒山区苗族山寨的苗家子弟，我一直在苦苦思索自己民族的振兴问题。长期以来，我们这个民族一直都生活在自然条件极度恶劣的地区，先民们坚强地与自然进行着抗争。可是由于交通闭塞等因素的制约，自然界形成的天然屏障，隔绝了对外的沟通交流，落后的文化产生了落后的观念，制约了经济的发展。而落后的经济又阻碍了文化的进步，固守着陈旧的观念。加之苗族历史上不断地大迁徙，生活积累艰难，因而造成了贫困的恶性循环，阻碍了苗族在经济、社会和教育等方面的发展，在许多方面负效应甚至出现叠加。

根据"路径依赖"理论①而知，经济生活的运行与物理世界一样，都遵循着一种机制即报酬递增和自我强化机制。一旦进入某一路径发展的事物，就可能产生对这种路径的依赖，在之后的发展进程中

---

① "路径依赖"是由道格拉斯·诺思根据阿瑟提出的技术变迁机制理论演变而来。道格拉斯·诺思在研究制度变迁理论中，将过去的绩效对现在和未来的强大影响力描述为"路径依赖"，并证明了报酬递增和自我强化的机制同样存在于制度变迁中。因此，制度变迁一旦踏上了某一路径，其发展和演变进程会逐步得到自我强化。故此，经济和政治制度的变迁会沿着既定的路径，有可能进入良性循环发展的轨道，并不断自我优化；也可能进入错误的路径，越来越陷入痛苦而难以自拔的深渊中，甚至最终被完全"锁定"在某种无效率的状态之下。一旦进入这种无效率的"锁定"状态，要想摆脱对这种消极路径的依赖将会变得束手无策，除非借助其他强大的外力推动以及政府的干预。

遵循这一路径并逐步得到强化。如此，苗族旧式的生产经营模式和社会意识形态形成了苗族经济基础和上层建筑之间互相制约的恶性循环。

机遇在于把握，更在于创造。对于苗族聚集区来说，由于历史的局限，自然条件的局限，贫困的积重难返——亦即旧有的"路径依赖"，使其在更多情形下是处于被动等待救助的境地。因此，抓住当前的发展机遇，为破解苗族经济发展对旧有路径的依赖，适时打开"机会之窗"，从而摆脱苗族贫困循环的发展困境。

破解苗族经济瓶颈的前提，是全面掌握其当前社会经济发展的动态。因此，笔者对云南省文山市170个苗族村进行实地问卷调查，获取了第一手数据资料，通过实证分析，基本掌握了苗族这个少数民族的社会、经济贫困落后的实际状况。从民族发展的视角，尝试运用发展经济学、区域经济学等学科的理论与方法，着重探讨人力资本投资对苗族农业生产效率的影响问题，揭示云南苗族农业发展的瓶颈与路径依赖的问题。由于少数民族经济研究，涉及民族经济学、文化人类学等相关学科，本书还尝试从民族经济发展的文化背景上，探讨民族价值观、民族文化、民族风俗习惯等意识形态因素对苗族农业生产发展的影响，借以展开苗族农业生产的客观影响因素以及农业发展滞后的深层成因的探求研究。最终希望能够结合当前社会发展的时代大背景，为苗族农业经济发展提供学理上的支撑。

二　有关苗族经济的研究现状

当前关于苗族研究的理论著述很多，但对当今整个苗族社会经济概况做出较为系统的实证研究，并以专著形式面世者，尚不多见。

国外有学者将苗族和犹太族并称，认为这是人类历史上两个灾难深重而又坚韧不拔的可歌可泣的迁徙民族。由于频繁而长期的迁徙，苗族的物质文化成果所剩无几。现在的苗族研究热点多集中于人类学、社会学领域。至于研究苗族经济的著作尤其是对苗族农业理论的研究，基本上还处于农业经济文献资料的整理与挖掘阶段。限于时间和笔者目前能力，对后者从三种类型做出大致概括。

第一种类型，苗族聚居区地方志和以苗族为对象的社会调查报告。这些研究都是从历史文化的角度，对苗族的生产生活进行的一定记录，为本书研究提供了许多重要的文献资料。地方志作为一种记录我国各地风土人情的文献古籍资料，在很大程度上真实地反映了当时的社会概貌。文山地区现存的《开化府志》《马关县志》和《广南县志》三本地方志成书于清代。此时正是苗族迁入文山的特殊时期，因此为了解文山苗族的迁徙历史，以及探究文山苗族聚居区最初的生产条件和生产技术水平，提供了很重要的原始资料。除此之外，苗族作为我国人数较多的一个少数民族，其文化的独特性很早就引起了国内外学者的关注。1902年日本著名学者、世界著名民族学家、人类学家鸟居龙藏，曾深入我国西南腹地做民族学田野调查，1905年写成《苗族调查报告》并出版，该书主要以贵州的苗族为研究对象。可以说这是第一本介绍中国苗族的田野调查著作，也是外国民族学家最有影响的研究成果之一，对了解20世纪初贵州苗族的生活水平和生产状态非常有参考价值。

1928年，国立中央研究院成立，国内学界开始重视民族学研究。1933年5月，凌纯声、芮逸夫到达湘西苗区实地调查，历时三个月写成《湘西苗族调查报告》，该书着重描述和反映了当时湘西的社会情形和社会文化状况。其后，著名的苗族学者石启贵也到达湘西进行实地调查，1940年完成了《湘西苗族实地调查报告》，从地理概貌、历史纪略、经济梗概、生活习俗、婚姻家庭、政治司法、教育卫体、文化娱乐、诗赋辞章、宗教信仰、语言文字、苗疆建设等12个方面，对湘西地区的苗族社会进行了全面阐述。上述两本专著比较客观地反映了湘西苗族在20世纪30年代的生活状态，成为当前研究苗族的原始生存状态和经济水平的重要文献资料。

中华人民共和国成立后，1956年至1964年兴起的中国少数民族社会历史调查，是我国学术界首次有计划地针对全国少数民族社会历史状况而进行的。在调查研究的基础上，编写出的少数民族《简史》，为我国少数民族名称确认和民族划分提供了科学依据。虽然说这次调查的目的是为了民族划分，但也提供了一些当时的少数民族经济生活状况。其中的苗族卷，从苗族的人口分布、历史沿革、文化信仰和经济生活等方面，对 20 世纪 60 年代的苗族生活状况进行了系统描述。从第一次民族社会调查运动以来，我国学界对于这样的民族调查一直非常重视，经常不定期地组织一些相关调查，例如云南民族出版社 1982 年出版的《云南苗族瑶族社会历史调查》就通过实地调查，从人口分布、地理环境、生产生活、信仰禁忌等方面对云南苗族进行了记录，真实体现了 20 世纪 80 年代初期云南苗族的生产生活、文化信仰等方面的情况。以上的调查都是围绕苗族的整体状况进行的。

在 20 世纪末，学者们开始把调查的角度调整到苗族的经济领域，开启了苗族社会调查的经济学视域。1995 年由云南省政协、民族宗教事务委员会组织的云南回族苗族百村社会经济调查，对云南回族、苗族聚居村的基本情况、族源、居住历史和社会变迁、中华人民共和国成立前后社会经济生活（种植业、养殖业、手工业、商业到现代乡镇企业、交通运输业等）、文化教育、卫生、人口、计划生育、民族关系、宗教信仰、民族语言文字、服饰、婚姻、丧葬等进行了实地调查，提出了存在的问题和今后发展的建议。云南经济学者高发元组织的云南民族村寨调查，在 2000 年 1 月 19 日至 2 月 22 日，组成 25 个调查组，分别在红河州、文山州、玉溪市、曲靖市、思茅地区、西双版纳州、临沧地区、大理州、丽江地区、迪庆州、保山地区、德宏州共 13 个地州市的 23 个县市 25 个村（乡）进行了时间相对来说集中的实地调查。133 名调查者在 5000 人以上的 25 个少数民族中，选择有代表性、典型性的 25 个村寨，对其历史沿革、生态环境、民族人口、民族经济、民族政治、民族法律、民族社会、民族文化、民族教育、民族科技、民族宗教等进行了专题的调查访谈。其中关于苗族的调查《云南民族村寨调查》（苗族），2001 年由云南大学出版社出版，反映了从经济学的角度对金平铜厂乡大塘子村苗族的调查成果。该书也是当前数据最新的关于苗族经济的调查研究报告。除了学者的研究之外，在 20 世纪初苗族聚居区也曾有很多传教士深入，他们也根据见闻写出了一些著述。其中以柏格理著的《在未知的中国——柏格理日记》为代表，而法国天主教传教士萨维那的《苗族史》也是著名作品之一。

第二种类型，关于古代苗族农业状况的描述。民族史研究，大多以历史为主，关于经济状况的描述只是为民族发展进程研究的一种铺垫，虽然无法深刻地体现民族经济尤其是农业经济的特殊性，但毕竟有所涉及。苗族研究在中国学界一直以伍新福和李廷贵为代表。伍新福的研究着重从民族史的角度进行，著作有1992年与龙伯亚合著的《苗族史》（四川民族出版社），同年贵州民族出版社出版的《苗族历史探考》，1999年贵州民族出版社出版的《中国苗族通史》，2000年由四川民族出版社出版的《苗族文化史》等可谓是我国关于苗族史研究的扛鼎之作。李廷贵的研究则更加侧重于从文化人类学角度进行，1988年贵州民族出版社出版了他与胡起望合著的《苗族研究论丛》，而1996年与张山、周光大合著的《苗族历史与文化》（中央民族大学出版社）是从文化人类学角度对苗族进行剖析的代表作。除此之外，还有很多民族学、人类学、社会学领域的专家学者对苗族进行的相关社会调查的一些成果。其中具有表性的著作有：黔东南州民族研究所著《中国苗族民俗》（贵州人民出版社，1990年）；岑秀文著《苗族》（民族出版社，1993年）；罗义群《苗族文化与屈赋》（中央民族大学出版社，1997年）；熊玉有著《苗族文化史》（云南民族出版社，2003年）；云南省民族学会苗学研究委员会编《苗族的迁徙与文化》（云南民族出版社，2006年）；石朝江著《世界苗族迁徙史》（贵州人民出版社，2006年）；文山壮族苗族自治州苗学发展研究会编著的《文山苗族》（云南民族出版社，2008年）等。这些著作在以苗族意识形态研究为主体展开的历史性民族研究中，或多或少涉及了苗族的经济情况，对了解苗族的农业状况和整体意识形态具有启发性。

第三种类型，通过具体个案对苗族经济进行的局部探索。这些著作以某个地区的苗族经济或是其中的某些具体方面为研究对象，是对苗族经济理论研究的一些有益的尝试。以杨从明的《理性农耕——大德苗族村的发展与变迁》为例，该书从社会学的角度通过大量的田野调查，比较全面真实地反映了大德苗族改革开放30多年来的发展与变迁。部分地研究了苗族农业生产、苗族农村耕地和农民生计的选择过程，是当前关于苗族经济研究的著名范例。文新宇的《少数民族乡村治理的本土资源问题研究：以贵州苗族传统法文化为例》（贵州人民出版社，2007 年）。分别就苗族地区的法律状况，乡村治理的传统本土资源，苗族婚姻礼俗与国家法律，苗族村寨的村规民约与纠纷解决，苗族社会组织及其自然领袖权力，家族复苏背景下的纠纷解决，苗族习惯法与国家法律的冲突，传统法文化在苗族地区新农村建设中的特殊地位与作用，苗族传统法律向现代法律转型的思考与对策等 9 个方面，进行了较为详细、有力的论述，从而力图达到对苗族传统法文化深入剖析，即以贵州苗族传统法文化为例，论述、阐明少数民族乡村治理的本土资源问题。该文侧重于苗族传统法文化探讨，对苗族农业经济或生产生计等的研究也较少；赵玉燕著《惧感、旅游与文化再生产：湘西山江苗族的开放历程》（甘肃人民出版社，2008 年）。该书颇为详尽地描述了湘西一个苗族山寨社区的日常生活世界，在民族志叙述的基础上，作者进一步展开专题性的讨论，亦即在全球化背景下之"旅游场域"中苗族文化传统的维系、复兴、变迁及其再生产的过程和机制等问题。从一个微观基层社区的诸多文化动态，试图探讨苗族乡土社会从相对封闭而逐渐走向开放格局的艰难历程。一个边远苗族社区所经历的种种心路转换，某种意义上，是和整个中华民族近一个多世纪以来在面对外部世界和全球化大潮汹涌之时的心态历程有许多相似、相通之处，或可说是一种"同构"性的关系。该书以对湖南湘西土家族苗族自治州凤凰县西北部的山江苗寨 10 个月的田野调查为基础，参照该村寨进行旅游开发而建的苗族博物馆和周边苗寨旅游开发考察苗区内部的原生文化与展演文化，着重描述和分析了苗区的巫蛊之风和它们在当下兴盛的旅游背景下的变化。故，本书的研究也可被看作能够映照中国社会这一种总体进程的少数民族个案。《西南苗族家庭的发展变化与文化变迁——以宣恩县小茅坡营苗族村为例》，中南民族大学学报（人文社会科学版，2004，01），该文通过对宣恩县小茅坡营苗族村的田野考察，探究苗族家庭在现代社会转型背景下发生的变化，认为这些变化反映了苗族社会的文化变迁，也必然会引起传统文化的进一步变迁。并且鄂西南苗族的婚姻生育观念已发生变化,传统文化传承逐渐弱化,传统因素的重要性在年轻人的意识中逐渐下降,苗村的开放性逐步增强。该文主要从民族学与社会学的视角探讨了苗族社会的文化变迁,涉及苗族经济的分析甚少。这些著作基本上是就具体苗族聚居区的具体生产部门或者相关产业,进行实地调查的成果。对苗族农业进行了初步的探讨,但也仅限于简单的局部个案分析。但这些文献资料为研究苗族农业经济发展奠定了较系统的民族文化背景,具有一定的学理研究意义。

本书在吸取这些成果的同时,为真实掌握当前苗族经济的现状,对云南省的文山市 170 个苗族自然村进行了田野调研,通过调查问卷掌握了大量第一手数据。以此为基础,采用计量实证方法,进行实证分析,探讨苗族经济滞后和苗族农业发展困境的传统路径依赖,成因及其解决之道。

三 研究界定

苗族农业可持续发展的研究,属于民族经济学单个少数民族经济的研究。民族经济学诞生于 20 世纪 70 年代末,是由我国学者提出并创立的具有中国特色的新兴理论学科,其理论直接着眼于中国改革开放背景下少数民族与民族地区的区域经济发展问题[①]。进入 21 世纪,在经济全球化进程不断加快,我国加入 WTO、西部大开发战略的实施、经济社会体制改革的进一步深入等背景之下,开展对单个少数民族主要经济产业的研究,有助于政府从微观层面把握各民族经济发展的不平衡性与异同性,为中央政府或地方政府的宏观决策提供具有现实意义的理论依据。

本书从区域民族经济发展的视角,基于云南省文山市 170 个苗族自然村的样本数据,采用统计描述、数据包络分析以及随机前沿分析等分析方法,揭示了苗族农业发展的现实状况,探索苗族农业发展滞后的深层成因。尝试借鉴民族学、文化人类学、发展经济学、区域经

---

① 曹征海:《和合加速论—当代民族经济发展战略研究》,民族出版社 2005 年版,第 115 页。

济学等相关学科的理论与方法，注重民族经济发展的文化背景，研究苗族经济的内在运行规律，结合苗族自身的发展现状、产业结构、区域影响、优势互补等方面，为苗族农业经济发展构建具有现实意义的指导理论，促进苗族地区社会经济的可持续、稳定发展。

第二节　社会转型中的苗族经济

社会转型是指社会的意识形态和经济基础发生了深刻转变，这一进程也将会对社会成员的生活方式、生产方式以及思想意识等方面产生深刻的影响。在改革开放以来的短短30多年间，社会、政治和经济发展等各个层面发生了巨大变化。中国在建设具有中国特色社会主义市场经济的过程中，经济体制的变革经历了三个发展阶段：一是家庭联产承包责任制；二是国企改革建立现代企业制度；三是确立社会主义市场经济体制。转型时期，从城市到农村，从东部沿海发达地区到西部欠发达地区，整个中国社会经历了全面而深刻的变革。苗族作为中国大家庭中的一员，也不可避免地在转型时期发生了巨大的变化。

一　苗族概要

苗族（Hmong）人口居于我国少数民族人口第四位，是我国相对人口较多的本土民族之一。据2000年第五次人口普查，全国苗族总人口为894.0116万人。①

苗族是中国一个历史悠久的族群。在中国中原地区曾经居住着苗族的先民，足迹曾遍及黄河中下游、长江中下游，与汉民族和其他少数民族一起共同创造了中国古代辉煌的文明。在三苗②时代，三苗主要的活动地域是江淮地区，当时苗族先民是南北对峙的重要力量，并

---

① 国家统计局人口和社会科技统计司、国家民族事务委员会经济发展司编：《2000年人口普查中国民族人口资料》，民族出版社2003年版，第238页。

② 在中国传说中"三苗"是黄帝至尧舜禹时代的古族名。又叫"苗民""有苗"。主要分布在洞庭湖（今湖南北部）和彭蠡湖（今江西鄱阳湖）之间，即长江中游以南一带。梁启超认为，三苗的苗就是蛮，系一音之转，尧舜时称三苗，春秋时称蛮。

与尧舜部落同时存在。至秦汉魏晋时期，苗族先民居住于现今的湖北江汉流域。至 10 世纪，苗族人迁出了江汉流域。据汉文献记载，由于苗族频繁反抗统治阶层，在战争的逼迫下，从江汉流域迁移到湖南省西部和贵州地区①。清朝雍正年间，清朝政府将黔东南设立成中央直辖管理区，称之为"新疆六厅"，成为苗族聚居最大的区域。就在这个时期，部分苗族人从贵州迁入云南东南部，最后进入老挝、越南境内。而另一支苗族支系则由中原、经江淮，渡河南下进入湖广，逆江而上向西迁徙，迁入中越边境地区。之后，有部分苗族又迁入泰国、缅甸，有的则迁徙到了老挝。到 20 世纪 70 年代，由于战争的影响，苗族又以战争难民的身份，大批地迁入欧、美及澳洲大陆。历经千年的迁徙，苗族从一个中国内地族群，逐渐演变成一个世界性分布的族群。

漫长而艰辛的迁徙，使得苗族经历了逐渐被边缘化、少数族群化的过程。这种边缘化集中表现在诸如地域上的边缘化，经济发展上的滞后与弱势，人口数量上相对减少以及在国家政治中的边缘化等。连续的大规模而漫长的族群迁徙，更是导致苗族的生产、生活环境随之发生巨大变化，并逐渐形成了游耕游居的农业生产方式。在迁徙的过程中，为了处理新的族群关系，适应新的生存环境，在新的环境中谋求生存，苗族往往消耗掉了之前多年的积累不说，甚至在新的环境里大部分苗族人不得不回到发展的原点，生产很难维持基本的生存需求。

现今苗族主要分布于中国西部贵州、云南，南部广西与东南亚北部的山区等。东南亚苗族（Hmong），大部分居住在海拔 1200 米以上的高山山顶地带或石山区，环境十分恶劣。国内苗族大多集中分布于我国云贵高原及其边缘地带，属于山地民族。不过，各地苗族所处的自然地理环境也不尽相同。贵州东部、东南部和南部以及广西北部地区，属于云贵高原的边缘地带，地势西北高东南低，虽有苗岭横亘其间，但不论绝对高度还是相对高度都不大，海拔由千米逐渐降至 400 米左右，清水江、都柳江、盘江等流经其境。这里四季分明，降水丰足，

---

① 苗族简史编写组：《苗族简史》，贵州民族出版社 1985 年版，第 12—18 页。

物产丰富，景观秀美，是黔东方言区苗族的家园。与这个区域的地理条件接近的是湘西、湘西南、鄂西南、渝东南、黔西北等苗族地区。①

川黔滇三省交界的苗族地区，以及苗族所在的云南其他地区，位于云贵高原的中部区域，海拔多在 1800 米以上，且多集中在高山或半山区，山高坡陡，土层瘠薄，植被以灌木为主，气候多属温带或寒温带，作物生长期长。海南岛的苗族虽然也主要居住在山区，但由于这里地处热带，气候条件比较优越，植被种类多，盛产橡胶等热带产品以及香蕉、椰子、菠萝、西瓜等热带和亚热带水果。近现代以来，苗族比较集中地分布在长江以南山区，分布的布局则是大杂居小聚居。与苗族错杂居住的主要有瑶、壮、侗、布依、土家、汉、彝、哈尼、回、仡佬、黎、傣等民族。这种错杂居住的方式，既有小聚居区的插花式交错，也有小区域里村寨的比邻，还有同村寨的杂居。这种分布格局对苗族的民族文化多样性、民族认同多向性、民族发展差异性、民族关系复杂性等都产生了深刻的影响。

二 转型中的苗族经济社会

社会转型对于苗族社会的冲击也是巨大的，尤其体现在经济领域。改革开放以来，苗族聚居区开始大力地以市场为导向，发展民族经济，主要体现在发展旅游服务业，民族服饰加工业等。

市场经济体制成为主要的经济模式，对苗族社会的经济起到了重大的推动作用。在农业方面，开始经营种植经济作物，形成以粮食作物为主，以经济作物为补充的生产经营模式。以文山苗族的三七产业为例。文山州高度重视三七产业的发展，明确提出了"三七强州"战略目标。经过努力，文山州三七产业已进入国家中药现代化科技产业（云南）基地建设、云南省生物资源开发的重点，以及打造"云药"产业的项目，先后制定了一系列促进三七产业发展的政策措施，加快了三七产业的发展步伐。2003 年，文山州三七产业实现总产值7.51 亿元，比上年增长 62.20%；销售收入 6.75 亿元，比上年增长

---

① 石茂明：《跨国苗族研究—民族与国家的边界》，民族出版社 2004 年版，第 90 页。

43.22%；税利 1.89 亿元，比上年增长 57.06%。① 除此之外，其他苗族聚居区还根据自身的产业优势，一大批具高产出的农业经济项目，也成为当前苗族农业经济发展的亮点。第二与第三产业苗族也有了一定发展，建立了具有民族特色的工业企业，结合自身自然优势大力发展以旅游业为主的服务产业。然而相较于其他民族，苗族的发展还是极为缓慢的。《国家八七扶贫攻坚计划》所列的贫困县，苗族主要聚居各县几乎都列在其中。仅此一点，就可以大致看出苗族地区经济发展的总体水平是比较落后的。② 因此根据苗族聚居区的资源优势，建立一个合理的农业发展模式，是当前苗族农业经济发展最为迫切的时代要求。确立适合民族特色农业经济发展的理念，创新发展方式，苗族经济发展的"机会之窗"才会适时打开。

随着我国改革的深入，我国的社会结构和社会阶层都发生了巨大的变化，我国社会学界从社会分层的视角对此作了学理性的探讨。如陆学艺的"十阶层理论"，孙立平的"社会断裂"理论，李强、沈原、孙立平提出的"四个利益集团"理论等相关的社会分层理论，都是基于改革开放后，我国的社会资源在分配问题上出现的差异而提出的。转型时期的经济发展，也使苗族的社会结构和社会分层产生了巨大变化。首先是新的社会阶层的出现。原本的苗族社会以农业为主，改革开放以后，苗族聚居区的很多农民都进城打工，形成外出务工一族，而这个阶层很快就成了苗族主要的经济来源之一，很多地方政府为带动地方经济发展也大力鼓励劳动力外出务工。根据 2008 年文山州政府工作报告，截至 2005 年 3 月，全州累计转移、输出农村剩余劳动力 31.13 万人。其中，2004 年新增转移、输出农民工 11.7 万人［输出到国外 26 人，输出到广东、北京、上海、浙江等省（市）7.38 万人，转移到县外 2.74 万人，县内转移 1.57 万人］，实现劳务输出转移收入 3.85 亿元。州政府还制定了《关于鼓励党政机

---

① 文山州年鉴编辑委员会：《文山州年鉴—2003》，德宏民族出版社 2003 年版，第126—127 页。

② 国家民委经济司、国家统计局国民经济综合统计司：《中国民族统计年鉴之"十一、人民生活"》，中国统计出版社 1997 年版，第 315—322 页。

关工作人员带薪组织农村富余劳动力外出务工的实施意见》《劳务输出小额信用担保贷款管理办法》等一批鼓励农村劳动力外出务工的政策法规。其次是旧有阶层的衰微。苗族一直处于不发达的农业社会，社会构成是以其在农业生产中实际作用和性别来进行划分的。外出务工风潮的兴起，使苗族社会大部分原本的主要劳动者，都转型成了外出务工人员，从而使旧式的社会阶层也随着衰微。现在苗族与我国一般农村有些相似，也是由外出务工人员和留守人员构成。随着外出务工现象的兴起，苗族的社会阶层发生了巨大的改变，社会结构也从原来的单一农业社会转向了多元社会。社会结构的变迁，也必然对苗族的社会经济发展产生重大影响。

随着我国经济社会发展进入新的阶段，我国经济、社会和文化等诸多方面都发生了重大变化，特别是改革开放30多年以来，经济快速发展。2010年，我国经济总量位居第二，成为世界第二大经济体。但从宏观的发展阶段看，中国正处在社会转型发展阶段。在这一时期，社会具有以下四个方面的特点：第一，市场经济体制基本确立，并不断调整、规范与完善市场经济；第二，城市化或城镇化取得较大成效并快速发展；第三，工业化水平得到提高，得到了产业结构调整与升级；第四，大幅度提高和改善了人民生活水平，全面的小康社会建设取得成效。在我国整个转型背景下，苗族社会经济得到了一定的发展，但仍处于落后水平，苗族的生活水平还是比较低。苗族各个聚居区还是国家扶贫攻坚的重点，很多地区都徘徊在温饱线上，而且这种落后相较于周边的其他民族，是显而易见的。

我国当前转型社会最为突出的一个特点是城乡差距。具体到苗族社会，这个问题也非常突出。据2000年第五次人口调查，苗族总人口894.01万，乡村人口767.59万，城镇人口126.42万，乡村人口与城镇人口分别占总人口的85.86%与14.14%。而苗族聚集区不仅是农村，而且是最落后的农村，它与发达地区、发达城市的差距更为突出明显。从文化水平的角度来看，627.59万15岁及以上人口中，有124.43万文盲人口，文盲率19.83%。在797.32万6岁及以上人口中，小学、初中、高中和大学的受教育人口比例分别为79.42%、

28.56%、7.03%和1.44%。① 从上述苗族各个年龄段的文化水平情况可知，苗族的教育不容乐观，文盲人口所占比例还相当高，说明了苗族文化教育的总体水平还相当低。文化水平的落后，制约了苗族经济的发展。首先缺乏先进的生产技术，使得苗族地区的生产率较低；其次劳动者的低素质也制约了地区生产率的提高。转型时期为苗族带来的不少机遇，有些也是以牺牲文化发展为代价的。文盲人口得到控制，其实并不能表明一个地区文化的大幅度发展，而高素质人才的匮乏，仍旧是苗族社会所必须面对的重大考验。21 世纪以来，受扩招等因素的影响，使得大学生数量全面激增，可是在苗族聚居区却并不明显。以我的故乡为例，2005 年以前全村大学学历的人有 5 名，七年后的今天不过增加了 3 人。大量的初中生都出外打工，而面对当前高校毕业生就业困难的现状，很少有父母愿意再把自己的孩子送去读大学，这也从一个方面造成了苗族这个群体文化素质难以提高的现状。

总之，改革深入使得苗族地区初步确立了市场经济，但苗族的市场经济是建立在农业发展严重滞后，物质资本、人力资本严重匮乏的基础之上的。苗族的意识形态还沿袭着旧有的思维模式，生产生活还固守着旧式的观念，严重缺乏自身优势，且由于旧式路径依赖的制约，使得苗族经济发展仍旧无法达到又快又好的科学发展。社会的转型为苗族经济的发展带来了机遇和挑战，也是苗族农业经济实现跨越式发展的良好时机。当前，苗族农业经济急迫需要符合民族特色的宏观发展理念，为化解民族经济发展的旧式路径依赖做出理论探索。

第三节　研究方法和可能的创新点

一　研究方法

1. 实地问卷调查

为了掌握当前苗族农业生产效率以及各个苗族村（生产单元）要

---

① 国家统计局人口和社会科技统计司、国家民族事务委员会经济发展司编：《2000 年人口普查中国民族人口资料》，民族出版社 2003 年版，第 305 页。

素配置绩效的实际状况，本书采用问卷调查法对云南省文山市 187 个苗族村进行实地田野调查，主要针对苗族农业部门以及苗族教育等内容展开调查，为弥补调查问卷反映实际情况的不足，还选取了一定农户进行访谈，以更全面地获得调查的相关数据资料。

2. 定性分析与定量分析相结合

定性性分析与定量分析都是经济研究的重要方法。苗族农业经济的研究，有其特殊性，需要对研究对象的文化背景，意识形态等做出交代，同时对苗族农业生产效率的评价也涉及价值的判断，因此，通过定性分析，以更全面地把握苗族农业微观主体对农业生产的价值取向。本书以云南省 170 个苗族村的农业为研究对象，定量分析方法成为评价苗族农业生产效率的重要工具，通过定量分析，以更好地评价不同生产决策单元的农业生产效率，以及苗族农业的总体绩效水平，从而使苗族农业生产效率的评价更具有针对性。本书在对云南省文山市苗族农业的研究中，充分考虑了多方面的因素，将定量方法与定性方法结合运用，以期达成对当前苗族农业生产效率的正确评价。

3. 实证计量分析

通过田野调查获取相关数据资料，继而对数据进行整理，根据数据特征选取适宜的计量模型进行实证分析。首先，采用线性规划中的数据包络分析方法，构建苗族农业生产技术效率评价模型，对 170 个苗族村的生产技术效率进行评价，以确定苗族农业生产的最佳规模。其次，在运用 DEA 评价苗族生产决策单元的生产技术效率、成本效率与配置效率以及规模效率时，采用 DEAP2.1 软件对苗族农业的各种效率进行测算。在人力资本与苗族农业可持续发展的随机前沿模型分析中，采用 FRONTIER4.1 软件进行估计。同时还采用 SPSS20.0 和 EXCEL 软件对其他情况进行统计描述分析。

4. 比较分析方法

鉴于研究对象的规模差异，区位差异。本书采用比较分析方法对不同苗族村的生产效率进行比较研究，以探索当前苗族农业发展滞后的问题所在。首先基于传统效率评价指标对云南省文山县 170 个苗族村的农业生产效率进行比较分析，从而较全面地把握苗族农业不同生产单元的生产效率状况。然后探索在区域差异条件下，分别从微观与宏观视角对苗族农业规模效率予以比较，分析农业规模与效率现状。探讨苗族生产单元生产无效率和配置低效率的原因和阻碍苗族农业发展的主要因素。

二　可能的创新点

1. 对单一少数民族农业进行田野调查获取第一手数据资料；

2. 将经济学的一般研究方法运用于少数民族聚集区的局部经济研究；

3. 运用路径依赖理论解释单一民族经济发展滞后的成因，探讨少数民族地区经济发展的瓶颈问题；

4. 将"机会之窗"理论延伸运用于区域经济学领域，针对苗族经济的不发达现状，试图通过打开"机会之窗"探索发展经济学上的苗族民族经济理论构建。

第二章　农业经济理论综述

在远古时代，就已经出现农业经济思想。中国春秋时期，关于农业生产、农业经营、安定民生以及土地制度等问题，可以从孔子与孟子的著述中找到相关论述。战国之初，李悝创"平籴法"①、汉代董仲舒"限民名（占）田，以赡不足"的主张，体现了中国奴隶社会的农业经济思想。而宋代王安石推行的青苗法、募役法、方田均税法、农田水利政策等，则是中国封建社会时期农业经济思想的主要体现。

欧洲古罗马的一些文献中也有涉及农业经济的思想论述。随着资本主义的发展，市场经济促使农业生产经营的市场化与商品化。如何在市场条件下，有效进行农业的生产与经营，成为当时研究者关注的问题，于是有关农业经济的理论运营而生，并逐步形成系统的理论体系。18 世纪中叶，法国重农主义经济学家 F. 魁奈，宣扬自由竞争和重农学说。他主张土地和农业是一切超过生产成本之剩余价值的唯一源泉。于是他创立了用于农业生产分析的投入产出对照表。在英国，A. 扬在其著作《英格兰及威尔士南部游记》中，提出诺福克轮作制度，并将其视作近代农业的主要特征。他论证了大农业经营的优越

---

① 公元前 476 年进入战国时期，三家分晋后，于公元前 445 年，魏国的君主魏文侯即位。不久魏文侯任命李悝为相，主持变法。这是战国时期最早进行的一次变法运动。变法的一项主要内容就是"平籴法"。"平籴法"的目的，一是为了调动农民生产积极性，二是使魏国强盛。其实质是为了发展封建经济。由国家调剂粮食价格，以稳定小农经济为主要内容。李悝推行的重农抑商的"平籴法"，由国家控制粮食的购销和价格：政府在丰年以平价收购农民余粮，防止商人压价伤农；在灾年则平价出售储备粮，防止商人抬价伤民，防止"谷贱伤农，谷贵伤民"。

性,同时阐述了农业生产要素配置效率、成本与收益的关系等问题。A. 扬可视作近代西方农业经济学的先驱。1913 年,牛津大学成立了以农业经济问题研究为宗旨的农业经济研究所。20 世纪初期,艾列波著《农业经营学泛论》发展了农业经营经济学。

在德国,18 世纪中叶,官房学派代表人物 A. 泰尔和 J. H. von 杜能分别对农作物耕种、农地利用等进行了较系统深入的研究。其中 A. 泰尔提出农业以获得最大利润为经营目标,并认为轮作制优于三圃制,因此,他极力主张和宣传轮作制在农业经营中的重要性,其代表作是《合理的农业原理》。而泰尔的学生——德国经济学家 J. H. von 杜能,则创立了"农业圈"之说,主张农业经营集约化,即农业要素资源的优化配置,其主要代表著作是《孤立国》。他的研究对级差地租理论做出了重要贡献,被视为农业要素资源配置学的创始人,以及德国农业经营学派的奠基者。T. 布林克曼集德国农业经济学之大成,在其著作《农业经营经济学》中,阐述了边际收益递减规律、要素配置效率理论、投资收益边界以及生产规模效率等农业生产经营问题,并着重强调了农业集约度与农业经营制度变革在农业生产中的重要意义,进一步应用动态分析方法,从微观的视角分析了影响农业集约度的主要因素,同时还分析影响农业经营制度变革的社会客观因素。T. 布林克曼对农业经营与农地利用的深入与拓展研究,使西方农业经济学,在理论和方法上发展成为较完整的理论体系,从而奠定当代生产经济学的基础。

第一节　相关理论溯源

1899 年,俄亥俄州州立大学首先开设了"农村经济学"课程,标志着以美国为主要代表的现代农业经济学的诞生。具有代表性的研究学者有 H. C. 泰勒、G. F. 沃伦和 W. J. 斯皮尔曼等,其最初的研究内容主要集中于农场管理。至 20 世纪 20 年代,农业经济研究在美国非常活跃。泰勒、E. G. 诺尔斯、R. T. 伊利、F. R. 约德,以及 T. N. 卡弗等农业经济学者,分别对土地经济、农产品的价格、农村经济和农场经营的理论与实务等问题进行了研究。20 世纪 30 年代初，在世界经济大萧条的冲击和影响下，由市场主导的力量受到削弱，西方资本主义国家开始加强对经济运行的干预，包括对农业生产和经营的政策干预。农业经济的研究，从之前的主要以微观农业生产个体研究转向以宏观农业政策以及产业调整研究等，开始强调农业在国民经济中的重要地位。第二次世界大战后，农业经济研究强调农业在一个国家或地区的经济发展具有重要的基础性作用，是国民经济的基础。T. W. 舒尔茨的论文《不稳定经济中的农业》，采用新古典学派的经济理论，考察了农业在国民经济发展的重要作用和意义，为政府制定农业经济政策、调整农业产业结构，解决农民收入低等相关问题提供参考依据和理论指导。

20 世纪 50 年代以后，农业的发展呈现社会化、专业化以及"农工商联合企业"等新趋势。关于农业经济的研究，除了继续拓展运用新古典的理论与方法之外，同时还系统地应用数学、计量经济学、线性规划等方法研究农业经济问题，其中以 E. O. 黑迪的研究为主要代表。由此，产生了许多与农业研究相关的新的分支学科，诸如农业生态理论，农业发展经济学理论、农业区域开发与布局理论，农业可持续发展理论，农业资源经济学、农工联合企业管理理论，以及食品经济学等。

一 机会之窗理论

所谓"机会"是指一种具有时效性的有利条件。时间性特色即为机会最为显著的特点。机会之窗[①]作为人类成长的心理学理论，近年来，一再被引入社会科学的其他领域，如政治学和经济学等。这些学科都试图通过探讨各自领域的机会之窗来进行实证性、前瞻性的理论研究。

如美国著名的公共政策学家金登（Kingdon）建立的多源流理论，

---

① 机会之窗，原指婴幼儿的一个特殊敏感时期。这一时期，婴幼儿对某种能力或经验的涌入，例如：视觉、听觉、运动、情感、语言和音乐非常敏感，教育学认为在这一时期，给予婴幼儿一些相关刺激，对其成长有着很强的促进作用。

也认为机会之窗（Windows of Opportunity）为公共政策变迁中的基础理论。当然，金登的研究是以政策为客体进行的，以机会之窗的打开为基础，仅适用于政策研究领域。以经济学视域为例，对一个较为落后的地域或社群进行相关的理论预设，对于打开机会之窗是有着重大意义的。面对当前落后的苗族经济，正如刚刚出生的幼儿，在这一关键时期，抓住时代赋予的快速发展时机，为其适时地打开机会之窗，对其发展是非常有利的。

21世纪的现代化进程，促使当前的社会经济处于一个机遇与挑战并存的时代。机会本身所带有的时效特色，决定了经济的发展必须审时度势，于是创造条件、多方努力、重点突破，使各个因素得以最大限度地发挥其效用，成了探寻社会经济发展的必由之路。将人类心理发展的机会之窗理论，延伸运用至经济学视域，其可行性在于，首先是建立在发展这一共性基础之上的。无论是经济的发展和人类心理认识的发展都经历了由不发达到发达的历程，共同具有从低级到高级的依次递进特征。其次，都建立在一定的时效性基础之上。无论是哪一种发展都具有一定的时间特质，这也为这个理论的援引奠定了基础。最后，二者的发展都是建立于一定的基础之上，即都是具备一个不发达的基础。因此把这一概念引入经济学视域，尤其是针对不发达经济的发展问题，具有非常强烈的针对性意义。

把"机会之窗"运用于苗族经济研究，缘于当前苗族整体发展的落后性。根据这一理论，在其严重缺乏内在动力，导致贫困加剧且积重难返，远远落后于时代，并与发达地区形成强烈反差的不发达阶段，通过各种力量对主体进行相关的刺激，可以最大限度地激发其发展。

二 路径依赖理论

路径依赖（Path-Dependence）。其具体含义是指在人类社会中的技术或制度变迁的演进，类似于物理惯性，进入某一路径（无论是"好"或"坏"的），可能会依赖于这样一个路径。当人们做出一些选择，这个选择的惯性以及可怕的力量将继续自我强化，并让你难以摆脱。除非有足够强大的外力的介入，促使摆脱对原路径的依赖。道格拉斯·诺思用"路径依赖"理论①成功地阐释了经济制度的演进。

路径依赖本质是对旧有的技术演进或制度变迁惯性依赖，即一旦进入一定的既定模式之后，就受其影响难以突破，会依照着既定模式朝着既定路径发展。对于转型中的社会而言，一方面必须认清旧有的路径依赖对于社会经济发展的积极作用，另一方面也需要认识到旧式的路径依赖中存在着不适应于新的时代背景之下的负面作用。

苗族具有的悠久历史和固有的社会意识形态以及生产模式，它一方面是苗族在生产生活中实践经验之积累，另一方面也成了苗族现代社会发展的路径依赖。当前苗族正处于社会转型的时代背景之下，实际上已将其锁定在某种无效率的状态之下。要改变其目前的被动状态，仅凭其自身力量已经很难奏效，迫切需要借助外部力量予以推动，才可能实现摆脱对原有惯性的依赖。问题在于改革开放 30 余年的中国经济发展已有实力和能力解决地区间、民族间发展的不均衡和贫富严重分化问题，尤其是处于国家发展短板中的苗族经济的提升，对于发展苗族经济的意义是巨大的。因此，在 21 世纪背景下研究苗族经济发展，必须认识到苗族固有的路径对其作用，把具有积极意义的进行发扬光大，对于已经不适合时代和社会需要的路径进行革新和化解，同时在外部力量的介入之下，使苗族经济回到良性循环的发展轨道上。

三 发展经济学理论

发展经济学理论起源于发展研究，大规模的发展研究又归因于"二战"后第三世界的崛起。当时西方国家意识到第三世界国家的崛起可能产生重要影响，为更全面地认识和了解这些国家，应当对第三世界国家的发展问题进行研究。20 世纪 50 年代初，发展经济学推崇工业化、推崇资本化发展战略，认为农业在经济发展中的作用是依附

---

① ［美］道格拉斯·C. 诺思：《制度、制度变迁与经济绩效》，三联书店 1994 年版，第 168—193 页。

和消极的；20世纪60年代，以舒尔茨（Theodore W. Schultz）为代表的发展经济学家对农业在工业化过程中的重要性开始有所认识；20世纪80年代由微观领域转向宏观领域，但对于农业发展在工业化过程中的辩证关系缺乏深入研究。

1. 平衡发展理论

均衡发展理论是建立在哈罗德—多马新古典经济增长模型基础之上的。均衡发展理论强调互补的区域间和产业间的关联，倡导达到各行业以及地区间的均衡布局和发展，通过调整工业结构，以实现平衡区域协调发展。主要的理论有大推进理论（罗森斯坦·罗丹提出）、均衡增长理论R. 纳克斯（R. Nurkse，1953）。

大推进理论是英国著名的发展经济学家——罗森斯坦·罗丹（P. N. Rosenstein-Rodan）于1943年提出的，主要思想和主张体现在其论文《东欧和东南欧国家工业化的若干问题》中，他认为，在发展中国家或地区，为推动整个国民经济的高速增长，有必要同时对各个部门进行大规模投资，在促进各个部门均衡增长的前提下，进而刺激国民经济的增长。其主要内容有：其一，目标是取得外部经济效果；其二，投资的资本来源于国内与国际的双向投资；其三，重点投资于基础设施以及轻工业部门；其四，以政府计划为主导而非市场调节。

平衡增长理论是由美国经济学家R. 纳克斯（R. Nurkse，1953）提出的。纳克斯认为，在发展中国家的宏观经济中，由于存在着供给和需求两种恶性循环①，经济增长难以达成。具体而言，即供给不足和需求不足的恶性循环。就供给而言，低收入预示着低储蓄能力，低储蓄能力导致资本匮乏，资本匮乏阻碍生产效率的提高，生产效率低意味着低收入，如此周期性循环。就需求而言，低收入意味着低购买力，低购买力造成投资意愿下降，进一步引起生产效率下降，进而造成低收入，需求也如此周期性循环。两个循环互相影响，这样的经济情况不能得到改善，经济增长是很难实现的，关键是解决这两个恶性

————————

① ［美］罗格纳·纳克斯：《不发达国家的资本形成问题》，谨斋译，商务印书馆1966年版，第82页。

循环。均衡发展的策略，也就是投资于不同行业和地区的同时，既要促进各行业，各部门的协调发展，实现供不应求的局面，而且在各个行业和地区形成一个相互支持的投资模式，并不断扩大投资需求。

纳克斯再次强调外部经济的重要性。他主张进行更多的投资，使每项投资变得更加可行。低收入经济体通过投资得到提升与进步，随着产业的扩张，可以增加投资成功的机会。对这些国家来说，巨大的困难在于贫困限制了他们的资本形成。他还提出了"贫困的恶性循环理论"[①]。

均衡发展理论，其目的是为了缩小区域发展差距，促进产业协调发展。但要达到均衡发展，又困难重重。原因在于不具备相应条件，也不可能有强大的金融业作后盾，促进欠发达地区的发展。各行业资金投资分散，区域投资的优势得不到保证。即使是发达地区，因产业基础、技术水平、区域位置等因素的影响，投资于不同行业，其投资的效应也大不相同。因此，需要保证行业投资具有比较优势。

均衡发展理论侧重于促进社会公平正义，缩小地区之间的差距，维护社会稳定。当经济发展到较高的阶段，将有利于区域和行业的协调发展。

2. 不平衡增长理论

由于在许多发展中国家，存在不能提高均衡发展资金的事实，学者们考虑不平衡的增长问题。以赫希曼（A. O. Hirschman）为主要代表的不平衡增长理论（也被称为"非均衡增长理论"），认为在发展中国家中，最薄弱的地方是缺乏各工业部门之间的联系，同时也缺乏资金。因此，政府应集中在某些关键部门进行投资，优先发展这些主导部门，以带动其他行业或部门的发展。尼克斯主张将先进行业放回落后部门作为出发点；与尼克斯的均衡增长比较，赫希曼的不平衡增长，将落后部门"拖"到先进部门作为出发点。同时，赫希曼将农

---

① ［美］罗格纳·纳克斯（Ragnar Nurkse）于1953年，在其著作《不发达国家的资本形成》一书中，提出了贫困恶性循环理论，这一理论的观点认为：由于人均收入水平低，发展中国家投资的资金供给和产品需求，两者同时不足，这限制了资本形成。因此，资本形成不足是导致发展中国家陷入长期贫困的主要原因。

业摆在次要位置，认为农业的发展不能有效促进和带动相关产业的起飞和发展，这一观点曾经深入影响发展中国家的发展。不平衡增长理论强调存在不平衡的经济部门或产业的发展，并强调关联效应和资源的优化配置，对发展中国家来说，应集中有限的资源和资金，并优先发展占主导地位部门。关联效应成为发展的核心内容，它是客观存在的，各部门相互依存的互动关系。因此，优先得到投资和发展的产业，将引起最大的产业关联效应。发展不均衡理论以区域或产业间的非均衡发展为主旨，发展重点行业和重要经济部门，以促进资源配置效率的提高。

3. 舒尔茨为代表的农业发展理论

早在20世纪40年代中期，张培刚即用系统的方法来探讨农业与工业之间相互依存及动态的演进关系，主张把农业和工业作为整体来发展。20世纪50年代，发展经济学家开始重点关注农业在发展中的地位与作用。刘易斯（William Arthur Lewis）提出的二元经济论认为：发展中国家或地区传统落后的农业部门与现代发达的工业部门并存，农业部门可以向工业发展无限制地提供廉价劳动力。F. 约翰森和J. W. 米勒认为，经济发展迫切需要大量的农产品，农业没有得到很好的开发，将无法提供更多的食物，从而严重阻碍了经济发展，这对中国目前的状况有一些启发。西蒙·库兹涅茨（Simon Kuznets）分析了农业的历史作用，认为农业有生产、市场与要素等方面的贡献。1964年，舒尔茨发表《改造传统农业》，在该书中，舒尔茨强调农民的智力投资是改造成功的关键，并分析了对传统农业进行改造，使之成为高生产率经济部门的必要性。舒尔茨将发展经济学与农业经济学结合起来，提出"农民的行为是合乎理性人"的论点，指出"经济发展并非取决于资本存量的多寡或自然资源的丰瘠，而是取决人的质量"，[①] 从而建立起"人力资本"理论。除《改造传统农业》外，舒尔茨其他有关农业发展的著作还有《经济成长和农业》《不稳定经济

---

① ［美］西奥多·W. 舒尔茨：《改造传统农业》，梁小民译，商务印书馆1976年版，第142—165页。

中的农业》等。其主要观点是：经济增长的源泉中不包括传统农业，由于传统农业原始生产要素的增加，其投资回报率低，缺乏足够的刺激投资和储蓄，因此难以带动储蓄和投资的增加，也不能打破长期停滞的状态。要改变这种状况，需要寻找新的生产要素，作为一种廉价增长的源泉。具体措施包括：适当改造传统农业制度，引进现代生产要素的供给和需求机制，对农民的人力资本投资创造条件。

瑞典皇家科学院在授予舒尔茨诺贝尔经济学奖的公告中指出：舒尔茨对农业发展潜力的分析是根据一种均衡观点，他是传统生产方法与现有生产技术之间的结合，创造了动态发展必需的条件。

舒尔茨理论，不仅在理论上实现了新的突破，具有里程碑意义，而且具有很强的现实意义。作为代表性的学术思想与同时崛起的农业技术革命一起革新了农业的发展道路，使得农业在整个经济中的作用再次受到了人们的关注，从而掀起了一股"绿色革命"的趋势，对促进发展中国家的农业发展有积极的作用。

4. 刘—拉—费的二元经济理论

二元经济理论由美国经济学家刘易斯系统提出后，经拉尼斯和费景翰等人加以改进和扩充的，在发展经济学中占有极其重要的地位。刘易斯（Lewis, William, Arthur）于 1979 年荣获诺贝尔经济学奖，是发展经济学领域的先驱之一，他在 20 世纪 50 年代所提出的二元经济发展理论，指出发展中国家内存在弱小的现代工业与强大的传统农业同时并存的二元经济。经济发展的同时，把原属于农业部门的劳动力转移到了现代工业部门，凭借资本的积累进行劳动力转移。他深入分析了经济发展过程中的经济与非经济因素的切实作用，并提出在经济发展过程中应首先进行社会内部的文化、政治等部门的制度改革。60 年代，他重点研究发展中国家和发达国家的关系，并在理论研究的同时，积极为发展中国家出谋划策，并总结各种经验和教训。

拉—费模式（Ranis-Fei model）是 1961 年由费景汉（John C. H. Fei）和古斯塔夫·拉尼斯（Gustav Ranis）在刘易斯模式的基础上进行了改进，而提出的二元结构理论。该模式从动态角度研究了农业和工业均衡增长，主张因农业生产率提高而出现农业剩余劳动力流入工业部门。拉尼斯和费景汉指出了刘易斯模式中存在的两点缺陷：一是在促进工业增长中忽视了农业的重要作用；二是忽视了农业中的剩余劳动力向工业流动的先决条件是由于农业生产率的提高而出现剩余产品。两人在刘易斯模式的基础上对这两点进行了补充和改进。

拉—费模式与刘易斯模式相似，是以发达国家的经济部门的划分为基础，将农业剩余劳动力向工业部门的流动分为三个阶段：第一阶段，与刘易斯模式相似，劳动力无限供给的条件下，通过再投资，以增加资本，并吸收非资本主义部门的劳动力，从而获得更多的利润。第二阶段，边际生产率低的劳动力形成剩余劳动力，从农业部门流向工业部门。由于劳动的边际产品是正值，剩余劳动力转移到工业部门，将导致农业部门的萎缩，从而造成农业产业规模的缩小，最终导致农业产业供应短缺。工业部门的工资开始上升，由于工业和农产品的贸易条件开始进行改造，从而促进农业转型。第三阶段，二元经济完成从传统农业向现代农业的转变。农业和工业的工资，由边际生产力决定。在农业和工业之间流动的劳动力，其边际生产率的变化起着决定性的作用。

纵观上述三个阶段，三个重要因素决定了劳动力转移和再配置的数量与时间：一是人口增长率；二是工业技术进步的趋势和性质；三是工业资本储备增长率，而工业利润增长率和农业盈余增长率对工业资本储备增长率有所限定。可以说拉—费模式更准确反映了二元经济发展中，农业劳动生产率成为劳动力转移的关键因素，更着重强调工业与农业平衡增长的重要性。拉—费模式最终只得出一个简单的结论：农业剩余劳动力向工业部门的转移是经济发展的唯一源泉。于是刘—费—拉模式被认为是在古典主义框架下分析劳动力剩余问题的经典模式。

刘—拉—费二元经济理论，实际上是一个系统的工业化理论。在这个理论中，包含了一个有影响力的农业发展模式——带动工业化模式。该理论对传统农业部门的剩余劳动力转移到不断扩大的工业部门作了非常精辟的分析，但也存在明显的缺陷。首先，发展中国家的实际情况与其论述的情形不符。其次，在模式中隐含的基本假设是不符合模式的，过于狭窄。最后，强调农业始终处于从属地位，忽视了农业在国民经济增长的重要作用。

美国经济学家乔根森又提出了与刘—费—拉模式不同的二元经济模式，该模式认为农业产出的剩余是工业部门产生和发展的充要条件。美国经济学家戴尔·乔根森（D. W. Jogenson）创立了乔根森模式理论。该理论是基于新古典主义（New Classicalism）的反思，探讨在一个纯粹的新古典主义框架中，农业部门如何决定于工业部门的增长。主张农业部门的工资与劳动创造的平均价值相等，而工业部门的工资等于劳动的边际生产力。因此，劳动力可以在工业部门与农业部门之间自由流动。农业的发展被视作一个国家或地区的社会经济发展之基础，工业的发展取决于农业的剩余劳动力以及整个社会的人口规模。农业剩余劳动力的规模与其转移的规模以相同比例增长，越大的农业剩余，劳动力转移的规模越大。在不发达国家，一般存在现代工业和落后农业两种性质不同的结构或部门。在落后的农业部门中，土地和劳动力共同决定产量水平，其边际收益或边际产量递减。

该理论认为农业剩余是剩余劳动力转移的前提条件。换言之，只有当农业剩余大于零，才足以提供农村剩余劳动力的转移。继而乔根森又提出"农业总产出的增长随着人口增长而增长"的重要假设。在这一假设条件下，农业剩余规模越大，越多的剩余劳动力转移将到工业部门，并假定农业技术是不断发展的。因此，农业剩余决定着工业部门的发展，同时也决定农村剩余劳动力转移的规模。然而，对城市工业部门的失业问题，以及农业物质投资的重要性等问题，乔根森模式仍然未做出重要的阐述，从而忽视了与两部门之间相关的一些重要问题。将之与刘易斯理论和拉—费理论进行比较，乔根森农村剩余劳动力转移理论有以下四个特点。

其一，前者是基于古典主义分析方法和依据剩余劳动力为基础创立的。乔根森理论则是农业剩余为基础，并采用新古典分析方法作为分析工具而创立的理论。

其二，刘易斯等人主张工资率由农业人均收入水平决定，这种决定水平固定不变，直到全部剩余劳动力转移到工业部门。乔根森理论主张资本积累上升和技术进步是工资率不断提高的前提条件。

其三，前者认为农业剩余劳动力转移到工业部门，促进了整个经济生产率的提高，从而促进经济发展。乔根森理论认为，人们消费结构的变化必然导致农村剩余劳动力转移到工业部门。

其四，前者主张剩余劳动假说和固定工资假设，与之相反，乔根森理论则基于马尔萨斯人口论主张经济增长决定于人口增长，从而否定剩余劳动假说和固定工资假说。

对上述发展经济学理论的比较阐述，意在凭借农业发展理论结合对农业生产要素的实证性分析，为论证苗族农业发展提供科学的理论参考。

四　农业生态理论

作为现代意义上的"生态农业"，最早于 1970 由美国土壤学家 W. 艾尔布雷克（W. Albrecthe）提出；十年之后，英国农学家 M. 沃茨顿（M. Worthington）将"生态农业"界定为"在生态上能自我维持，在经济上有生命力，在伦理和审美方面可接受的小型农业"，其中心思想是把农业建立在生态学的基础上。生态农业的思想源远流长，一般认为较为完整的生态农业理论与技术源自中国。例如，战国时期《吕氏春秋》中提出的"夫稼，为之者人也，生之者地也，养之者天也"；明末清初的《补农书》中记载的庭院生态系统；明清年间在珠江三角洲和太湖流域形成的初级生态农业模式"桑基鱼塘"，充满了"池内养鱼，堤上植桑，毫无废弃之地"朴素的生态农业思想。这些都是中国生态农业模式的雏形。农业生态理论，又可称为农业生态学，是研究农业生态系统生物与环境的相互关系，农业生态系统的结构、功能与生产力及其调控与管理的学科。它是生态学应用于农业的一个分支。主要内容涉及大农业生态系统结构与功能及优化调控、农业生物物质循环与能量转化、农田生态系统与生物群落结构与功能关系、农作物个体与种群生态、农业生态环境人工演替与恢复重建。这一理论对于正确处理农业生产力提高与保持良好生态环境之间的辩证关系具有指导意义。

　　20 世纪 80 年代早期，一批由马世骏为代表的中国生态学家再次总结了以整体、协调、循环、自生为核心的生态控制论原理，在此基础之上提出社会—经济—自然复合生态系统理论以及时、空、量、构（产业、体制、景观）及序（竞争序、共生序与自生序）的一系列生态关联和调控的相应方法，并认为我国现阶段的可持续发展问题实质就是以人为主体的生命形式与其居住劳作的环境、物质生产环境和社会文化环境间共同的协调发展，这些环境同时构成了社会—经济—自然复合生态系统，也就是复合生态系统控制论。认为一个社会的社会体制、经济发展状况以及人类赖以生存的自然环境等，已经构成了当代若干重大的社会问题。社会—经济—自然是一个复合生态系统，三者的性质不同，但又紧密联系，息息相关，彼此的生存和发展都相互影响和制约。"自然系统的合理性、经济系统的利润、社会系统的效益是衡量该复合系统的三个重要指标。在研究一个多目标决策过程之时，应根据生态经济原则拟定具体的社会目标、经济目标和生态目标，使整个复合系统的风险最小，存活机会最大，综合效益最高。为找出生态问题的症结，要依据生态经济学原理，在外部投入有限的情况下，为了调节好系统内部各种不合理的生态关系，必然通过各种技术、行政和行为诱导手段去提高系统自我调节能力，以实现因地、因时制宜的可持续发展。"①

　　20 世纪 80 年代以来，中国运用农业生态理论为实现可持续发展进行有益尝试，在全国开展生态农业建设，大力治理环境污染，在农村实行退耕还林等，并取得了预期成效。本书引入农业生态理论作分析，是源于苗族传统农业生产方式对于环境的漠视而引入的。以环境为代价而进行农业发展的旧有苗族农业生产方式，已经严重滞后，并带来了可怕后果。农业生态理论是苗族农业发展的方向，创立更为合理的发展模式，科学的"又好又快"的发展，发展理论的引用是为了发展速度，而生态理论的借鉴是为了发展的质量。

---

　　①　马世骏：《中国现代生态学透视》，科学出版社 1990 年版，第 273—281 页。

五 农业区域开发与布局理论

农业区域开发与布局理论是基于农业生产的地域空间特点与分布差异而形成的,研究农业生产地域差异及其规律的学科。从地理学角度讲,它是经济地理学的一个分支,因而又可称为农业地理学。本书认为,农业区域开发与布局理论属于经济地理学与农业科学交叉的一门学科。农业区域开发与布局的一些重要概念和思想同样有着较悠久的历史。中国早在两千多年前就意识到农业生产与地域条件的联系,指出了因地制宜利用自然条件发展农业生产的必要性。如《左传》记载有"先王疆理天下,物土之宜,而布其利";《尚书·禹贡》分地区评述了土壤种类、耕地等级、田赋收入水平、当地农特产品和水利状况等,均是因地制宜发展农业思想的体现。中国20世纪80年代兴起的农业区划和国土整治,以及目前正在进行的"西部大开发"等都是这种理论在现代区域开发实践中的典型案例。在从古罗马时代到17—18世纪,西方一些地理学家的著作中也有关于农业生产布局的记述。19世纪被认为是地理科学和农业科学革新和深化的时期,为农业地理学的发展打下了基础。1826年德国农学家和经济学家杜能(Thunen)发表了著名的《孤立国与农业和政治经济学的关系》,首次探讨不同农业类型和集约水平分布的规律性,创立了农业区位论,与韦伯1909年提出的工业区位论并为经济地理学"双星子座"。农业开发与自然条件和社会经济条件密切相关,传统农业生产存在明显的地域特点。农业区域开发与布局理论的内容涉及:农业生产及其各部门、各环节地域差异特征;农业生产的自然和社会经济原因、形成过程及变化趋向;各种农业地域类型和农业区的形成、结构与演变;农业资源合理利用和农业生产布局方案;农产品比较优势及其与市场的关系等。

根据苗族聚居区的资源特色本书引入农业区域开发与布局理论,希望能为苗族农业发展的合理布局和经济开发探寻科学依据。

与农业区域开发与布局理论相关的理论有比较利益学说,其中最为经典的是大卫·李嘉图(David Ricardo)的比较利益学说。他认为:实行专业化分工,各地区都可建立起具有相对比较优势的产业,在发达的地区选择优势产品、产业，而在生产力落后的地区则选择劣势产品、产业，通过交换，双方都可以获得比较利益。在其著作《政治经济学及赋税原理》中提出的比较优势贸易理论，主张国际贸易的基础是生产技术的相对差别，各个国家应根据本国资源禀赋所具备的相对优势，按照"两利相权取其重，两弊相衡取其轻"的原则，生产和出口具有本国"比较优势"的产品与服务，进口其不具备优势的产品与服务。在更普遍的意义上，比较优势贸易理论解释了国与国之间贸易产生的基础和贸易得利，从而进一步发展了"绝对优势贸易理论"。

而国际贸易在生产技术上不存在绝对差别，如果各国在生产技术上存在相对差别时，会出现产品价格与成本的相对差别，由于各国在不同的产品和服务上具有一定的比较优势，因此才达成了国际贸易和国际分工。集中生产并出口其具有本国比较优势的产品和服务，进口具有"比较劣势"的产品和服务，这样可以获得"比较利益"，故亦被称为"比较利益"理论。这一理论主张为换取那些需要比较密集地使用其稀缺生产要素的进口商品，每个国家应该出口能够利用其充裕要素的那些商品。在开放条件下，一国可以根据它当前的比较优势确立产业结构，进而根据它的比较优势变化调整产业结构，以促进经济长期、快速、稳定地获得增长。

综上所述，传统的农业发展理论指出农业产出由土地、劳动和资本数量决定，同时受到生产方式变革、制度的影响；强调农业内部和其他产业和农业之间存在的平衡或不平衡增长关系；注重"人力资本"投资与可持续发展；农业发展要因地制宜，并与保护生态环境相结合。在近期农业发展理论建设中，农业政策的作用受到重视，通过政策安排提高土地和劳动力的生产率以促进农业发展；政策本身虽然不能成为农业产出的内生变量，对农业产生直接效应，但可以改变农业生产要素配置的环境，也可以对农产品价格进行有效调控，从而有助于农业的稳定发展。这种观点被认为是农业发展理论的新发展。随着信息经济时代的到来和生物经济时代的临近，土地作为传统农业的生产要素，不再是农业形态最为必需的唯一物质基础，其在经济发展中的价值相对减弱，知识（智力因素）已经成为当前农业发展的一种新兴"资本"，"知本农业"

这一理念与其农业形态正逐步建立。

第二节　实证研究综述

为使苗族农业经济发展理论建构在实证研究的基础之上，使研究更为科学有效，本书对苗族农业生产效率进行计量分析、测算，力求对苗族农业生产技术效率、全要素生产率、农业 TFP 及其决定机制有一个更为准确的理解并成为规范分析的基础。

一　全要素生产率理论

全要素生产率理论是一个重要的关于经济增长源泉的分析工具，该理论是随着宏观经济增长核算框架的发展而产生的。经济增长核算的核心是试图衡量经济增长的来源。首先，评价经济资源中各种要素投入的增长、技术进步以及产出能力，分析各要素资源在经济增长中的贡献能力，寻求经济增长的源泉。估计全要素生产率以便分析经济增长的来源，换句话说，明确是投入式经济增长还是效益型经济增长，经济增长是否具备长期可持续增长的条件。其次，评价长期可持续增长的前提是全要素生产率。一般地，通过对各种资源要素投入的贡献与全要素生产率增长对经济增长贡献的比较，以确定经济政策是以调整经济结构、促进技术进步为主还是以增加总需求为主。

全要素生产率（Total Factor Productivity）最早是由美国经济学家罗伯特·M. 索洛（Robert M. Solow）提出，又称为"索洛余值"。全要素生产率是衡量总产量与全部要素投入量之间关系的指标，反映单位生产要素投入对总产出量的贡献水平。组织创新、生产创新、技术进步和专业化等，是全要素生产率增长的源泉。因此，全要素生产率被视为技术进步的指标。全要素生产率一般的含义为人力、物力、财力等资源的开发与利用效率。

全要素生产率（TFP）的增长可以视作，产出增长率超过投入的增长速度的部分。从经济增长的角度看，土地，劳动力和资本等要素投入与生产率，都对经济增长做出贡献。从效率的角度来看，生产率是国民经济一定时间内总产出与总投入之比，总投入包含各种资源要素的投入。从根本上讲，它反映在一定时期，一个国家（地区）为了摆脱贫穷和落后，所表现出的能力和努力程度，它综合反映科技进步对经济发展的作用。因此，全要素生产率指标，是用来衡量生产效率水平的，其源泉来自三个方面：一是技术进步；二是提高效率；三是形成规模效应。要计算全要素生产率，用除去劳动力，资本，土地等要因素对经济增长的贡献之后的"余值"表示。鉴于"余值"还包括能带来增长而在概念上和度量上的未曾得到识别的因素，因此，它只能相对衡量改善技术进步对经济增长的贡献程度。

"二战"结束后，经济增长已成为一个重要的研究主题，受到各国学术界的关注。全要素生产率的研究是建立在生产理论和经济增长理论基础之上的，其后，逐步发展形成一个重要分支研究领域。柯布·道格拉斯（Cobb Doughs）生产函数在生产理论中的应用，标志着经济增长研究的开始。在经济增长问题的研究中，荷兰经济学家丁伯根（J. Tinbergen）首先采用这一生产函数来解释经济增长的源泉。柯布·道格拉斯（Cobb Doughs）生产模型的初衷是揭示市场经济的规律。在之后的研究中，丁伯根（J. Tinbergen）在这一生产函数模型中加入一个表明生产率水平的时间趋势变量，用来表示"效率"的变动，将产出视作劳动、资本和时间的函数。因此，丁伯根（J. Tinbergen，1942 年）第一次系统地提出了全要素生产率理论。

在此之后，斯蒂格勒（Stigler，1947）也独立地提出并阐述了全要素生产率的概念，并第一次测算出美国制造业的全要素生产率增长。经济学界公认的全要素生产率之鼻祖无疑是希朗·戴维斯（Hiam Davis，1954），在其著作《生产率核算》一书中，他明确指出全要素生产率测算应涵盖全部投入要素，包括劳动、资本、土地、能源和原材料等。从而首次系统地阐述了全要素生产率（TFP）的内涵。

索洛（Solow）于 1957 年发表了《技术变化和总量生产函数》一文，他在道格拉斯、丁伯根等人的基础上，把总产出看作资本、劳动两个投入要素的函数，拟合生产函数的计量经济方法，统一了生产的经济理论。将劳动力和资本对产出增长的贡献扣除，总产出增长中余下的贡献归因于技术进步，但未被解释是产出增长的源泉之一，未被解释的这一部分称为“索洛余值”（Solow Residual），即是索洛模型①。丹尼森（Dension，1962）基于索洛模型，将投入要素进一步细化，定义全要素增长率为产出增长率中除去各种要素投入增长率的“余值”，从而形成了丹·尼森模型（见图 2.1）。

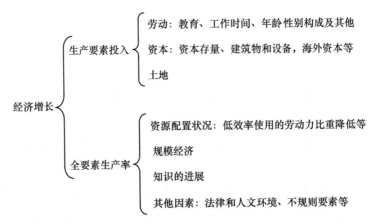

图 2.1　新古典增长理论代表人物丹尼森的经济增长因素分析（丹尼森法）

丹尼森认为，索洛（solow）测量的技术进步之所以存在一个较大的全要素生产率 TFP 增长，原因在于对两种投入要素劳动与资本的同质性假设，这一假设造成了对投入增长率的低估。因此，丹尼森细分了投入要素（例如：将投入要素劳动，分解为就业状况和劳动时间两个因素），对美国经济增长进行测算，测算出的结果显示，美国在 1929—1948 年的国民收入增长中，全要素增长率的贡献水平为 54.9%，显著低于 Solow 的估算。

20 世纪 80 年代以后，乔根森（Jorgenson）在全要素生产率的领域做出了重大贡献，他全面系统地阐述了新古典投资理论，在资本服务的租金价格基础上，用物化的新技术的投资增加解释生产力的变化原因，并将投入要素劳动和资本，视作由数量和质量两部分组成。他

---

① ［美］罗伯特·M. 索洛：《经济增长因素分析》，史清琪等译，商务印书馆 2003 年版，第 36 页。

进一步证明，在投资过程中，技术进步可以提高和改善资本存量。著名的超越对数（Tran-Log）生产函数，就是由乔根森提出的，已被广泛应用于实证分析。近年来，全要素生产率的理论和实证研究得到了广泛的拓展和深化。在研究对象上，已广泛深入各行业、各产业，如工农业、金融和服务业等领域。在样本空间上，也扩展到绝大多数国家和地区。从样本数据的类型来看，已从截面数据发展到时间系列数据以及面板数据。而国内的研究已经从产业经济、区域经济的研究拓展到微观上的企业、农户等。

总而言之，全要素生产率作为一种实用而具有强大解释力的研究工具，在诸多领域得到了广泛运用。一些国家和地区关于 TFP 的研究不断取得新成果，这些成果对该区域的经济发展具有重要的指导意义。当前，关于全要素生产率（TFP）的测度方法有指数法、增长核算法以及生产前沿面分析方法。其发展脉络见图 2.2。

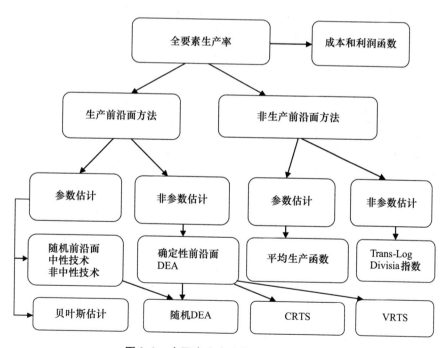

图 2.2 全要素生产率估计方法示意图

资料来源：引自 Mahadevan，Renuka（2003）和郑京海的相关论文。

二 全要素生产效率的测算方法

1. 参数方法（Parameter Estimation）

参数方法沿袭了传统生产函数（增长核算方法）的估计思想，以随生产机前沿函数（Stochastic Frontier Approach，SFA）为代表，其主要思想是：首先，应研究对象的具体要求，确定一个合适而具体的生产函数形式。其次，采用现代计量方法，估计出生产前沿函数中的未知参数。最后，求出生产前沿函数实际产出与潜在产出之比，即技术效率，从而完成对生产前沿函数的构造。参数方法的发展历经从早期的确定生产前沿面，到现代的随机生产前沿面两个阶段。确定性生产前沿面的假定是该前沿面是固定的，并且存在一个确定的上界生产函数，继而将控制因素如气候、政策变动、统计误差等和不可控随机因素放在一起，这些因素共同对生产前沿面产生作用，从而揭示技术非效率的情形。而随机性生产前沿面则将确定性因素与不可控的随机因素看作对生产前沿面共同作用的结果，并将整个误差项中的技术非效率项和随机误差项表示为一个复合误差项。随机生产前沿面涉及随机因素的影响和冲击，故而整个生产前沿面是随机变化的。当前的估计方法已经可以实现一次性估计，以完成各种外生性因素影响和冲击技术效率的解释，这一方法实现了为寻找技术效率的源泉，提供了切实可行的分析工具。参数方法的最大优点是具备经济理论的基础，该方法不仅可以对技术效率进行较好的控制，而且结合了现代计量方法，通过估计生产函数，实现了对拟定的具体生产过程进行描述。常用方法为随机系数面板模型（random coefficient panel model），由 Hildreth and Houck，1968 年提出。这一方法需要给出生产函数的具体形式，并做出充分而明确的假设，因此可以很好地处理度量误差，但对于样本量较少的研究对象，存在着较大问题（Gong and Sickles，1992 年）。

2. 非参数方法（Non-Parameter Estimation）

非参数方法（Non-Parameter Estimation）是采用线性规划技术（Linear Program，LP）及其对偶原理来完成对生产前沿面的确定，继而对生产技术效率进行测算。以数据包络分析（Data Envelopment Analysis，DEA）方法为代表，其思想主要来源于指数方法。这种方法不需要确定生产前沿面的具体函数形式，而是由数据驱动（Data-Driving），包络面上的相对有效点，是通过生产有效性标准来确定的。通过观测实际生产点的数据，从而构造出生产前沿的包络面，继而求解出生产决策单元（DMU）的效率指数。数据包络分析（Data Envelopment Analysis，DEA）方法不需要考虑参数估计有效性、技术非效率项分布形式等问题，同时也不需要涉及依据研究对象事先确定合适的具体函数形式的问题。然而，通过线性规划（LP）技术来确定的生产前沿面，因不需要考虑参数的估计问题，故也不存在随机因素冲击的影响。早期的非参数方法是管理科学中用于对生产决策单元绩效效率进行评价的一种方法，在之后的发展和研究进程中，因其在经济学问题的研究上具有较强的实用性，从而在经济领域得到了广泛的应用和发展。而以数据包络分析（DEA）技术为代表的非参数方法是建立在生产集合理论的基础之上的，最终形成了能够较好地描述和解释生产过程的独特理论系统，该方法为寻找技术效率的源泉提供了一种可供选择的途径。

3. 参数与非参数方法的比较

（1）统计性特征比较。随机生产前沿方法（SFA）是一种计量经济学方法，基于概率分布的视角对样本点效率进行分析，从而揭示样本点效率的差异性。随机生产前沿方法（SFA）具有统计性特征，因此，可以对模型进行设定，对参数进行最大似然估计，同时对参数估计进行显著性检验和统计性检验。具备经济学理论基础成为该方法的主要特征，数据包络分析（DEA）是一种数学线性规划方法，它凭借生产决策单元（DMU）的实际观测数据，利用线性规划（LP）技术将生产决策单元（DMU）进行线性组合，由数据驱动，从而对生产决策单元（DMU）的相对效率做出评价。与随机生产前沿方法比较，数据包络分析（DEA）方法不具备统计性特征，故不需要进行相关统计性检验。

（2）基于经济学理论视角比较。就经济学理论层面来看，随机生产前沿（SFA）更具有经济学理论基础，因为其本身是一种计量经济分析方法，例如当函数形式和非效率项分布存在误差时，其估计结果就会产生偏差。而数据包络分析（DEA）不需要对生产者行为进行假设，前沿面的构造可以直接来自数据特征。故此，也无需确定生产前沿面的具体函数表达式，同时也就不存在设定误差项的具体分布等问题。

（3）技术方法比较。就技术而言，随机生产前沿分析（SFA）方法建立的生产前沿面是随机的，随机复合误差项中包含有随机扰动项和技术非效率，能够对两者进行明确的区分，可以识别是统计误差或是其他不可控的随机因素产生对技术效率值的冲击，从而使模型对经济问题的解释更接近于实际，数据包络分析（DEA）方法构造的是确定性前沿面，对每个生产决策单元（DMU）都无需考虑随机误差对技术效率的影响，而是将所有可能对生产决策单元绩效的影响因素归因于技术非效率的作用。因此，结果的准确性可能会受到影响。随机生产前沿分析（SFA）方法作为一种计量经济学方法，服从于自由度越多，效果就越佳的大数定理，而数据包络分析（DEA）方法因不涉及对参数进行估计等问题，于是将所有随机误差的影响，归结于各生产决策单元的效率差异。因此，决策生产单元的样本量越多，数据的偏差就越大，从而可能导致所有生产决策单元的技术效率较高并趋于相近，这是由于数据包络分析（DEA）方法依靠数据驱动，所以对异常数据或大样本数据具有高度敏感性。另外，数据包络分析（DEA）还可能会出现自我识别（Self-identifiers）问题，在投入和产出指标数超过观测值的个数时，会造成每个生产决策单元（DMU）的效率值趋于100%，这是由于数据包络分析（DEA）在对生产决策单元进行测算时，越少的观测值越可以相互比较。随机生产前沿（SFA）主要适用于单产出多投入的情形，数据包络分析（DEA）则适用于多投入多产出或多投入单产出等情形。就数据结构而言，随机生产前沿（SFA）和数据包络分析（DEA）都经历了，从横截面数据到时间系列数据，再到面板数据的发展过程。两者在面板数据的使用上，除了可以观测到时间系列上生产决策单元效率值的变化之外，还能观测到所有生产决策单元（DMU）的效率差异。基于时间层面，两者都可以将全要素生产率（TFP）增长分解为技术进步、规模效率和效率变化。故此，随机生产前沿（SFA）和数据包络分析（DEA）都在全要素生产率（TFP）领域得到广泛的应用。

三 全要素生产率实证研究动态

近年来，国内外在农业经济领域，关于农业生产效率，农业全要素生产效率变化，农业生产技术进步，农业人力资本效率等问题的研究文献比较丰硕。主要分为以下三类。

1. 农业产出增长与差异研究

关于全要素生产率（TFP）对农业产出增长以及差异的研究，国外主要有麦昆和霍夫曼【McCun and Huffman（1998）】，埃尔斯顿【Alston（1998）】，吉尔克【Grilliches（1957）】等分别对美国农业增长源泉进行探索；速水和瑞泰【Hayami and Rutta（1970）】对日本农业技术进步以及规模效率变化对农业增长的影响进行阐述；瑞斯吉瑞特和埃文森【Rosegrant and Evenson（1992）】对印度传统农业与现代农业增长的差异性进行比较分析；孔丽和普雷斯达【Coelli and Prasada Rao（2003）】对农业全要素生产率（TFP）的跨国比较研究等。国内主要有林毅夫（2000）、孟令杰（2000）、陈卫平（2006）等。林毅夫（2000）将现代技术、农业科研和家庭耕作制度看作是中国农业成功的关键因素，现代技术、农业科研和家庭耕作制度都可以通过农业全要素生产率（TFP）的变动反映出来。汤【Tang（1952）】、麦克密【Mc Millan（1959）】和温【Wen（1993）】等较早对中国农业全要素生产率（TFP）进行了研究。近年来有关全要素生产率的研究文献较为详细的当属麦迪【Mead（2003）】和艾伦·雷德【Allan Raeetal（2003）】等的研究。中国农业生产率的研究，就生产前沿面的研究而言，起步相对较晚。数据包络分析（DEA）的应用研究则较为广泛和深入。例如莱曼布尔特和派克【Lambert and Parker（1998）】、曼和坤【Mao and Koo（1997）】、维特【Wuetal（2001）】和孟令杰（2000）等从不同的视角，采用 Malmqusit 生产率指数，对农业全要素生产率的变化进行分解。另外，李周（2005）对西部农业生产效率进行的研究。随机生产前沿（SFA）的应用和研究较之数据包络分析（DEA）则相对有限，Xu（1998）利用湖北微观数据对农业技术进步进行了测算，李谷成等（2007，2008）则用江苏的数据对农业规模效率和技术效率进行了测算，曹晾（2005）对奶牛生产的技术效率进行了研究。

2. 制度变迁研究

就宏观政策的研究而言，对制度变迁的研究投入了更多的关注。中国早期的研究主要集中于家庭联产承包责任制的农业生产技术效率上，例如乔棒和焦方义（2006）、Kalirajanetal（1996）和 Mc MillanetaL（1989）等；温思美（2007）和杨正林（2007）继而在 Lin（1992）和 Griliches 的研究构架内对农村经济制度变迁的研究作了进一步的扩展研究。Huang and Kalirajan（1997）则认为通过市场化改革和人力资本投资，也可以确保农业生产率的增长以及粮食安全，因而不需要大规模增加农业投入。

3. 农业 R&D 研究

诸多研究者对影响农业生产率的因素进行研究之后，认为农业 R&D 是影响农业生产率的重要因素，如 Fanand Pardey（1997），张林秀（2002）等对农业 R&D 投入了更多的关注。从微观层面来看，农户规模被视作影响农业生产率最为重要的因素。Sen（1962，1966）对印度农业生产效率的研究发现，农户规模与农业生产效率之间存在负相关关系，这一结论与传统上由于部分农业资源的不可分性导致明显规模经济的认识相悖。由此，众多研究者对这种负向关系的存在性以及如何对其加以解释进行了广泛研究，如 AssuncaoeraL（2003）、BinswanseretaL（1993）和 Benyand Cline（1979）。

总而言之，上述提到的诸多关于全要素生产率的实证研究对加深农业生产技术效率、农业技术进步的变化，农业全要素生产率（TFP）等概念的理解具有重要意义，同时对于探讨农业生产效率的决定机制以及各种影响因素的分析皆有借鉴意义，这也是本书展开对苗族农业生产率进行实证研究工作的基础。

第三章　苗族农业调查现状
统计性描述分析

　　苗族自古以农业为主，畜牧业、狩猎和采集作为部分地区的副业。狩猎和采集以补充食物的缺乏，男人狩猎，女人采集。稻田里养鱼是东部、中部地区苗族农业的一个重要特征。对黔东南、广西北部和湖南西南部的苗族来说，林业是一项重要的生产类别。大部分的苗族主要种植玉米，荞麦，马铃薯，豆类和其他农作物。由于居住地理环境的关系，居住滇东北次方言区的许多苗族，难以种植水稻。云南其他地区如文山、红河等有极少数种植水稻；云南和贵州苗族部分区域种植旱稻，还种植烟草、大麻、靛蓝、棉花、花生等经济作物。苗族农业生产中的生产工具主要有耙、犁、铁锹、锄头、砍刀、镰刀、弯刀、斧头等。20 世纪 80 年代以来，苗族地区在农业生产中大多数还使用了打谷机、喷雾器等较先进的生产农具。

　　20 世纪 50 年代以后，苗族地区也实现了社会主义改造。苗族群众分得了耕地，大部分苗民从此结束了不断迁徙的历史，基本实现了以农业、畜牧业和种植业为主要生计的定居生活，大大提高了苗族群众农业生产的积极性。因为苗族群众自己拥有了可以保障基本生计的土地，结束了一直以来漂泊不定的生活，进而可以发展农业生产。

　　改革开放以来，随着市场经济的建立，苗族地区的加工业、旅游服务也逐渐得到发展。20 世纪 90 年代，更多的年轻人涌入沿海，在各大城市务工。有部分苗族民众通过务工学习到相关技术，同时也积累了一定的资本，于是有的回到家乡进行创业，或是利用学到的技术发展种植业和养殖业。这部分人的生活水平有了较大地改善。但大部分苗族地区因为环境恶劣和交通阻塞，依然依靠传统农业生产方式谋求生计。

可见，苗族地区由于自然条件恶劣和有限的地理条件，以及历史造成的经济基础薄弱等原因，农业发展水平至今与其他地区相比依然存在着相当大的差距。

本章将通过采用 170 个苗族村的调查数据对苗族农业进行统计性的分析描述。首先，对进行调查地区——文山的基本情况作简要的概述。其次，分别对苗族农业调查的现状作统计分析，其中主要包括苗族的农业劳动力、农业资本（以苗族的人均收入等为研究对象）以及苗族土地资源。最后，结合苗族居住的地理环境，苗族的历史迁徙以及苗族的生产生活方式等对当前苗族的农业现状进行阐述。同时采用传统的生产效率评价方法，对苗族农业投入要素的生产效率进行评价。

第一节　文山市及文山苗族概况

文山市，原名文山县。2010 年 12 月，经国务院批准，同时民政部批复同意撤销文山县的决定，成立文山市。文山市历史悠久，已有两千多年的建制历史。西汉王朝于公元前 111 年设置郡县时，文山县就已纳入牂牁郡和进桑二县辖地。至西汉元封二年，即公元前 109年，设贲古县时，文山县境西部归属贲古县，东南部则为梦都、进桑二县所属。文山县之名称是从《易经》中的"贲"和"大畜"二卦推演而来，"取诸贲而得文之源，取大畜而知山之固"，故此更名为文山县。①

一　文山市概况

撤县设市后，文山市的行政区域为原文山县行政范围，隶属关系不变，隶属于文山壮族苗族自治州。文山市党委、政府驻地为文山市

---

① 文山州民委：《文山州民族志》，云南民族出版社 2005 年版，第 3 页。

开化镇，同时文山市开化镇也是文山壮族苗族自治州党委和政府所在地。文山市是文山壮族苗族自治州的政治、经济、文化和信息中心。全市东西长 63 公里，南北长 66 公里，全市总面积达 2977.19 平方公里。海拔最高 2991.2 米，最低 618 米。距云南省昆明市 333 公里，距广西省南宁市 676 公里，距河口口岸 169 公里，距红河州蒙自县城 129 公里，文山市交通状况良好。至 2009 年，文山市城区面积 22.5 平方公里，总人口 45.4912 万人，其中城镇人口 23.1 万人，占总人口的 50.8%。

文山市辖开化、平坝、古木、追栗街、薄竹、德厚、马塘、小街共 8 个镇及东山、新街、柳井、喜古、红甸、秉烈、坝心共 7 个乡，其中东山乡、坝心乡、柳井乡、秉烈乡为彝族乡镇，红甸乡属于回族乡镇。文山市 15 个乡（镇）下设有 137 个村民委员会和社区（其中 121 个村民委员会，社区 16 个）有 1045 个自然村，村（居）民小组为 1563 个。2011 年年底，文山市总人口为 46.31 万人，比上年年底增加 0.42 万人。自然增长率为 6.72‰，比上年下降 0.08 个千分点。其中，农业人口为 34.7 万人，非农业人口有 11.61 万人。少数民族人口有 24.4686 万人，占总人口的 53.8%。①

全市有汉、苗、壮、回、彝、傣等 12 个民族，人口分布有明显的地区和民族差异，城填人口与坝区人口比较集中，半山区与高寒山区则人口分散。人口较多的民族有汉、苗、壮等，散居民族彝、回、瑶等。民族分布的一般特点是：汉族与回族居住在街头，壮族与傣族居住于水头，瑶族居于箐头，苗族与彝族散居于山头。

二　文山市境内苗族概况

苗族其实并不是文山市固有民族。作为一个长期迁徙的民族，20 世纪 80 年代前，民间常有这样的说法"桃花开花，苗子搬家"。那么文山市的苗族是从哪里来的呢？根据文献记载，10 世纪以后，由于

---

① 文山市统计局：《2011 年文山市国民经济和社会发展统计公报》2011 年版，第 117—122 页。

频繁反抗中央王朝的镇压和驱逐，苗族人完全退出了江汉流域，逐渐迁徙到湖南省西部边缘地区，然后分散到贵州地区。直到清朝雍正年间，黔东南被开辟为最大的苗族聚居区，由中央直接管理。一部分苗族人经由贵州迁入云南东南部，最终进入老挝、越南境内。另一支系从中原迁徙至江淮，进而渡河南下进入湖广，再逆江而上向西迁移。也就是在这一时期，文山地区迁入了青苗，据摆依寨村陶明武讲述，他家原来是居住在贵阳附近，清朝末期参加起义（咸同起义），起义失败后离开贵州来到云南罗平，再辗转来到文山地区。①

　　文山通行的苗语属于苗族三大方言区的西部方言区。因此，由文山苗语的发音可以推测文山苗族是由原居住于西部方言区的苗族迁入。关于迁入时间，文山州民族宗教事务委员会副主任王万荣在其著作中指出，文山地区的苗族共经历了三次大规模迁徙：第一阶段明朝洪武年间至天启年间；第二阶段吴三桂反清期间；第三阶段清咸同起义之后。经历这三次大规模的迁徙之后，文山的苗族聚居区基本划定。文山地区主要聚居了苗族的青苗、白苗、花苗三个支系。这三个支系的划分原本是凭借其服饰的特色进行，但由于民族交流广泛，青苗、花苗主要聚居在文山、马关、麻栗坡。青苗、花苗常常杂居在一起，因此凭借服饰划分青苗与花苗已经不再可能。由于白苗聚居相对偏远，广南麻栗坡也有一部分，因此，他们的服饰差异还是十分明显，大多时候可以由服饰进行划分。

　　据 2011 年统计，文山全州苗族 37.4192 万人，占总人口的 12.58%，分布在全州八个县。其中，文山县 4.9313 万人，砚山县 4.2261 万人，邱北县 5.5432 万人，广南县 7.8872 万人，富宁县 2.455 万人，西畴县 1.129 万人，麻栗坡县 4.162 万人，马关县 7.0854 万人。而据 2010 年第六次全国人口普查的数据，文山地区苗族人口为 48.1239 万人，占全部人口的 13.68%。②

　　全州 115 个乡（镇）中，除富宁县的归朝镇、剥隘镇没有苗族

---

　　① 作者于 2010 年田野调查时记录。

　　② 文山州统计局：《文山州第六次全国人口普查主要数据公报》，文山州第六次全国人口普查办公室 2011 年 5 月 17 日发布。

外，其他都有。就分布特点看，大多分布在边境沿线和内地高寒山区、半山区，只有少量分布在河谷区和坝区。文山市境内苗族主要以家族和支系等聚居。"山居"是文山苗族居住的突出特点，苗族聚居区的经济主要依赖传统农业经营模式，这是造成了贫困现状的重要原因。我国 2009 年贫困线标准是 1196 元。人均纯收入低于 1000 元的苗族人口比例为 63.36%，贫困人口所占比例较高。[①]

第二节　苗族农业调查现状

笔者于 2010 年 2 月开始对文山市 187 个单一苗族村进行有关农业生产、教育和经济生活等方面的调研，得到当地文山市苗族学会的很多支持与帮助。历时近一年，于 2011 年 3 月获得全部调查问卷。经整理，缺失和无效样本为 17 个，有效样本 170 个。

一　人口与家庭规模

通过对人口与家庭规模的分析，可以了解构成苗族农业基本生产单位——家庭（农户）的构成与规模情况，有助于更好地了解苗族农业生产情况和分析苗族农业生产效率的绩效水平。

表 3.1　　　　　　　　　人口与规模统计描述

	N	最小值	最大值	均值
农户	170	3	239	40.62
人口	170	13	1348	208.34
女	170	5	785	96.31
男	170	8	761	113.08
家庭规模	170	3.00	8.17	5.15
Valid N	170			

① 国家统计局：《中华人民共和国 2009 年国民经济和社会发展统计公报》，中国统计出版社 2010 年版，第 346 页。

　　本书对文山市 170 个苗族村的农业生产情况进行调查，其中人口与家庭规模的调查概况见表 3.1 与图 3.1。2010 年，文山市 170 个苗族村，共有 6906 户农户，每个村的平均规模为 40.6 户。总人口 3.5418 万人，男性人口 1.9224 万人，女性人口 1.6373 万人。家庭规模平均为每户 5.156 人，基本属于中型到大型规模的家庭。

　　这样的家庭规模一般有 3 个劳动力，主要从事农业生产经营。而苗族的农业耕种，主要用于自足，比较贫困的家庭，所产粮食并不能解决温饱。据调查时的访谈，尽管国家实行计划生育之后，农村只允许生两胎，但部分苗族地区仍然有多胎的现象，主要还是因为重男轻女的观念根深蒂固带来的影响。因此，当前苗族地区的家庭规模依然属于中到大型的规模水平。

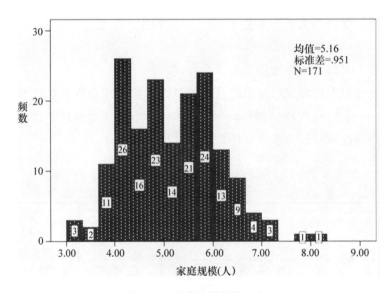

图 3.1　家庭规模频数分布

二　农业主要经济指标统计性描述分析

　　苗族是一个有悠久的农耕生活史的民族。其农耕生计大约可以追溯到秦汉时期甚至更早。但是，由于封建统治阶级长期的歧视和压迫，苗族先民饱受战争和离乱之苦，不得不长期进行频繁而大范围的迁徙，生产生活条件每况愈下，生产力积累艰难。至中华人民共和国成立时，苗族社会总体的生产力水平与先进民族和地区比较，仍属低下。

从经济文化类型来分，苗族传统的生计大致可以分为两大类型：一类是山地耕猎型，这是苗族社会中据主导地位的生产方式，使用黔东方言和湘西方言的苗族绝大多数属于这种生计类型；另一类是山林刀耕火种型，[①] 云南文山境内的苗族大多属于这一类型。

表 3.2　　　　　　170 个苗族村农业部门主要经济指标描述性统计

	描述统计			
	N	最小值	最大值	均值
耕地面积（亩）	170	9	1156	148.28
人均耕地（亩/人）	170	0.38	1.47	0.76
粮食年产量（公斤）	170	2880	369920	54837
粮食亩产	170	180	680	346.76
粮食人均产量	170	122	389	251.22
Valid N	170			

资料来源：来自笔者于 2010 年的调查数据。

170 个苗族村的耕地总面积 2.5208 万亩。人均耕地面积 0.76 亩。粮食总产量 932.229 万公斤，人均产量 251.22 公斤，粮食平均亩产 346.76 公斤。其中人均耕地面积、粮食亩产和粮食人均产量这三个指标可以反映苗族农业的基本情况。将这三个指标与全国进行比较，2009 年，全国的人均产量为 397.69 公斤，人均耕地 1.4 亩，粮食亩产为 900 公斤。[②] 通过比较，发现苗族的农业发展水平低于全国的农业水平很多，全国的人均产量为 397.69 公斤，苗族仅为 251.22 公斤。

三　苗族生活水平分析

商品经济不发达，手工行业附属于农业。年龄和性别成为劳动分

---

① 吴泽霖：《民族研究文集》，民族出版社 1994 年版，第 126 页。
② 国家统计局：《中国统计年鉴 2010 年》，中国统计出版社 2010 年版，第 239 页。

工的主要形式，劳动力短缺时常发生，因此互助可以解决劳动力短缺问题。传统产业在苗族经济占据绝对优势，现代工业发展困难，效果不显著；原材料输出成为民族和地方经济增长的主要途径，劳动力输出成为家庭收入的主要来源。

虽然在当前的市场经济体制下，苗族地区的开放程度也得到很大提高，与外界的交往也日渐频繁，但苗族生活水平的改善依然不显著，人均收入水平仍然很低。苗族社会的经济生活水平与苗族所在地区工业化、城市化和现代化程度比较低有直接关系。苗族所居住的特殊的自然环境也是影响苗族经济发展，妨碍苗族群众收入增加的主要因素。

依据国家对生活水平的划分标准，年人均收入在 625 元以下为贫困，625 元到 1200 元为温饱，1200 元以上为小康。① 那么可以看到在此次的调查中，苗族的生活水平处于贫困的村有 81 个，占 47.65%。处于温饱水平的有 74 个村，占 43.53%，小康水平的有 15 个，占 8.82%，富裕水平为零。从调查 170 个苗族村的数据分析，见图 3.2。这说明了苗族的整体生活水平是很低的，大部分苗族的生活还比较贫困，部分苗族只是解决了温饱，只有极少数苗族的生活水平有较大的改善。要解决苗族的贫困问题，提高苗族收入和改善苗族生活水平确实是一条漫长的路。只有提高整个民族的素质才能从根本上解决苗族发展的一系列瓶颈问题，才能在历史的长河中进步，而不是停滞或倒退。

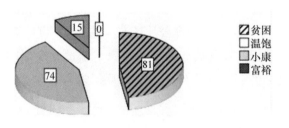

图 3.2　苗族生活水平

① 1991 年，按照中央和国务院提出的小康社会的内涵，小康的基本标准：一是人均国内生产总值 2500 元（按 1980 年的价格和汇率计算）；二是城镇人均可支配收入 2400 元；三是农民人均纯收入 1200 元。

第三节 苗族农业劳动生产效率评价

农业劳动生产效率是指平均每个农业劳动力在单位时间内生产的农产品量或产值，换言之，就是生产单位农产品消耗的劳动时间。影响并决定农业劳动生产率的因素有：一是劳动的熟练程度、农业劳动者的生产技术水平、劳动者的劳动态度以及精神状况；二是农业生产过程的机械化水平和农业生产的技术装备状况；三是农业科学研究成果应用于农业生产中的情况；四是农业劳动的组织形式以及农业生产决策单元的管理水平；五是土壤的肥沃程度、农业气候状况以及其他不确定自然条件等。农业生产率的提高之所以重要，在于它是人类社会中其他一切经济部门得以独立化并进一步发展的基础。

农业部门中的劳动生产率指标是劳动生产率这一经济范畴在农业部门的数量表现，指单位劳动消耗所创造的农产品产量。由于生产农产品既有活劳动的消耗又有物化劳动消耗。因此，计算劳动生产率的确切公式为：

表 3.3 **苗族劳动力与劳动生产率统计描述**

	描述统计				
	N	最小值	最大值	均值	标准差
劳动力	170	9	717	121.87	128.71
劳动生产率	170	135.90	804.39	431.47	135.16
Valid N	170				

劳动生产率 = 产品产量（产值）/（活劳动消耗量 + 物化劳动消耗）×100%

从劳动方面考察，农业增长主要来自两个方面：一是劳动力数量的增加；二是劳动生产率的提高。提高劳动生产率又是发展农业的主要方面。在土地资源有限和稀缺的条件下，只有从根本上提高劳动的生产效率才可以突破农业发展的瓶颈。要提高劳动的生产效率，离不开劳动力的文化素质水平，劳动力具备了相应的对生产要素的组织和优化配置生产要素的能力以及相应的生产技术，才能在既定资源条件下创造更高的产出。

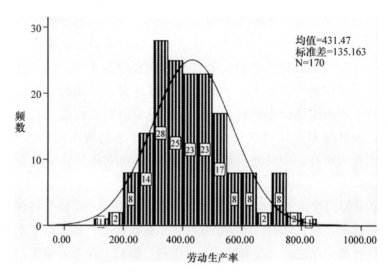

图 3.3 劳动生产率频数分布

表 3.3 描述了苗族劳动力与劳动生产率的基本情况。其中，170个苗族村的劳动生产率以粮食产量来计算，平均为 431.472 公斤，最高水平为 804.39 公斤，最低水平为 135.90 公斤。可以看出 170 个苗族村之间的劳动生产率水平差异很大，这也是苗族农业的一个特点。在图 3.3 中描述了 170 个苗族村的劳动生产率的分布情况，这一分布趋近于正态分布。并且苗族的劳动生产率水平主要分布于 250—550 的区域内，尤其劳动生产率水平所占份额较大的区域为 300—400，这也是苗族农业劳动生产率处于低效率的集中表现。劳动生产效率一般与劳动力接受教育的程度具有正相关关系。苗族整体劳动力文化素质较低，平均接受教育的年数也较少，因此不难解释苗族劳动生产率水平较低的现象。

第四节 苗族农业资本要素评价

农业物质资本是进行农业经济活动的投资并由人类创造的社会物质财富，它包括农业生产所使用的农机农具、化肥、农药、地膜、种子以及农村基础设施的公共投资等。它代表了把农业自然资源转化为市场需求的能力。农业社会资本是指农业正常运转所依据的制度、组织、共有信息等，它代表了国家或地区对农业的组织能力、管理能力和稳定程度（应付风险的能力）。

研究苗族的物质资本可以以苗族的收入为研究对象，一是人均收入，二是总收入，将收入转化为农业物质资本。苗族农业资本的丰裕程度可以通过年总收入、人均收入等反映出来。苗族的收入主要来源于以农业种植淡季外出做工为主，收入除了满足基本生活消费支出之外，其余用于农业生产的投入。通过分析苗族的基本收入水平，可以揭示苗族物质资本在苗族农业经济发展中的贡献程度或产出效应状况。

表3.4 　　　　　　　　　　**人均收入与资本生产率统计描述**

	N	最小值	最大值	均值
人均收入（元）	170	250	1400	631.53
资本生产率（公斤/元）	170	0.24	1.62	0.65
Valid N（listwise）	170			

对于苗族来说，因为居住环境受限，收入主要来源于农闲季节做短工（成人劳动力每人每天30元，童工每天15元)[①] 的微薄所得，有的苗族则主要依靠上山采集中药或采摘野生菌，到集市上出售获得少量收入，这些收入也主要用于日常生活消费以及农业生产。

表3.4描述了苗族人均收入水平以及资本生产效率。其中170个苗族村人均收入的平均水平为631.53元。最高的人均收入水平为

---

① 作者调查时进行访谈获得。

1400元，相当于小康生活水平的标准。最低年人均收入为250元，国家规定的贫困线是年人均收入625元，250元的年人均收入已经处于极度贫困水平了。平均收入水平631.53元刚好达到温饱水平。但是从图3.5可以看到，170个苗族村的收入主要集中分布于300元到600元，人均收入600元以下有95个村，所占比例为55.88%，也就是说一半多苗族生活水平处于贫困状态。

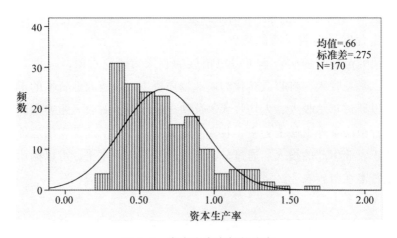

图3.4　资本生产率频数分布

关于苗族的资本生产率状况，最高的生产率水平为162%。最低水平为24%，平均水平为65.53%，即苗族的平均资本投入100元，产出65.53公斤的产出水平。苗族的资本生产效率水平很低，源于苗族对农业生产的资本投入不足，而客观上苗族温饱不足的境遇本身也不具备足够的资本用以对农业的投入。苗族对农业的资本投入不足，在于其对资本的积累有限。苗族劳动力生产效率不高，也说明了劳动者从事农业生产不能有效组织和配置农业生产资源。

如前所述，一般农户的收入可以转化为资本进行农业再投资生产，即购置农业生产所使用的农机农具、化肥、农药、地膜、种子以及农村基础设施的公共投资等，农业的发展很大程度上取决于资本的丰裕程度。然而苗族的物质资本是比较匮乏的。人均收入很低，在没

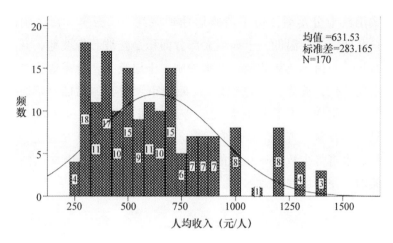

图3.5　170个村的人均收入频数分布

有解决温饱的情况下，很难积累雄厚的资本进行再投资，更谈不上发展工业和服务业了。时至今日，为了生存总是迁徙或进行"刀耕火种"式的粗放农业生产，自然很难进行资本积累，加之地理环境和教育文化的落后，使苗族的资本积累仍较有限。苗族经济社会发展更加滞后和经济基础大为薄弱。

第五节　苗族农业土地资源与耕地效率评价

土地是人类生存和发展的基础，人类创造财富的基本源泉也来自土地。土地利用始于人类种植与定居的出现。随着人类社会生产的发展、人口数量的不断增加以及人类活动范围的日趋扩大，土地作为一种不可或缺的重要生产要素资源，具有经济供给的稀缺性和数量有限性的特征，而人类社会的发展对土地的需求量不断增长。因此，如何有效地开发与利用土地日益成为人类关心的重大问题。当今时代，还直接关系到整个人类社会经济能否可持续发展，能否保证不断增长的人口得到充分的食物需求，能否维护人类社会生活的良好生态环境质量等问题。

苗族作为较早开展农业生产的民族之一。当前，苗族农业经营生产方式仍然十分落后。由于苗族居住地域高寒，云雾弥漫，阴雨连绵，日照期短，气温低，土地绝大部分面积是陡坡和偏坡地，开荒种植五六年后，由于地势陡峭，雨水冲刷，土层流失，也需要丢荒七八年后再复垦植，故称为"轮歇地"。昭通市永善县的马楠、昭通市的大山包、冷家坪，大关县的大火地等苗族居住地，海拔2500—3000米，只产马铃薯、苦荞。苗族农民常年以马铃薯和荞麦等为主食，只有威信、水富等少数河谷地带的苗族农民种水稻。[①] 云南文山的大部分苗族的居住环境亦大致如此。

表3.5 土地资源统计描述

	N	最小值	最大值	均值
耕地面积（亩）	170	9	1156	148.28
人均耕地（亩/人）	170	0.38	1.47	0.76
粮食亩产（公斤/亩）	170	180	680	346.76
Valid N（listwise）	170			

人均耕地和粮食亩产分别是评价苗族土地资源人均占有量以及土地的产出效应水平指标。表3.5中，170个苗族村的人均耕地资源平均为0.763亩，与2010年全国人均耕地水平1.4亩[②]比较，只是全国人均耕地水平的一半。

人均耕地水平最高的苗族村为1.47亩，与全国的人均耕地水平相当，其中最小的人均耕地水平仅为0.38亩。这些数据表明苗族的人均耕地资源的水平是很低的，人均耕地资源占有量小。同时发现在所调查的170个苗族村当中，大部分村的人均耕地处于较低水平（见图3.6）。并且分布集中于1亩以下的有142个村，占83.53%。再分析苗族的土地生产效率（见图3.7）。170个苗族的平均亩产346.76公斤。最高亩产是680公斤，最低亩产180公斤。

---

① 昭通市民族宗教事务局：《昭通少数民族志》，云南民族出版社2006年版，第52页。

② 国家统计局：《中国统计年鉴2010年》，中国统计出版社2010年版，第293页。

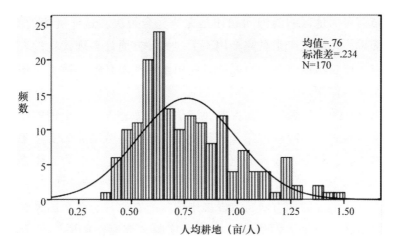

图 3.6　人均耕地频数分布

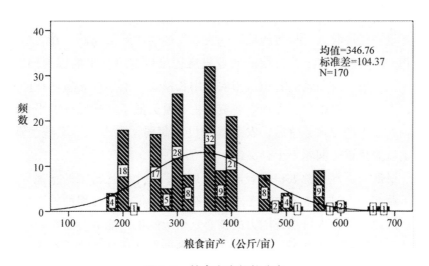

图 3.7　粮食亩产频数分布

　　除了资本积累水平低制约苗族农业经济发展外，制约农业发展还有另外一个重要因素——土地。苗家居住的高山地区，土地一般都没有坝区的丰饶。作物也是以荞麦、苞谷、洋芋等高山作物为主，至于籼米、小麦等作物，因为产量不高种植得很少，加之苗族的耕地资源非常有限，生产率水平低。因此，即使是栽种高产的苞谷、荞麦、洋芋，苗族聚居地区的温饱问题还是无法完全解决。这样贫瘠的土地，一方面现代化的生产工具完全用不上。另一方面许多现代化的农业技术是以平原、坝区为基地研究的，在山区这样的自然环境下也根本发挥不了多少作用。

以李嘉图为代表的一些古典经济学家认为，人口对土地的压力最终将会导致农业和经济停滞，较高食品价格使得劳动者的实际工资仅能维持生存，租金占收入的比重逐步提高，这就是所谓的"李嘉图陷阱"。① 李嘉图的观点确实反映出在经济技术发展缓慢的时代，人口增长对土地形成的压力威胁着发展中国家的农业乃至整个国民经济的发展。那么，后来人们逐渐寻找到了摆脱"李嘉图陷阱"的有效途径，就是研究生产和推广化肥等新型农业生产资料，发明生产效率很高的农业机械，培育适应性更强的高产优质的农业新品种，建立完善的农业基础设施等，通过提高单位面积产量和劳动生产率来增加农业总产量和经济收入。从苗族地区的农业发展的实际情况看，在人口压力和土地资源约束下，苗族的农业发展还难以解决基本的温饱问题，苗族至今还一直在延续着粗放型农业增长模式。由于苗族所居住的环境，人口多、耕地少、人均农业资源占有量远低于其他民族的平均水平，农业生产力水平落后，农业基础设施薄弱，生态环境系统脆弱，水土流失严重等问题都十分突出。

根据"土地资源人口承载能力"理论，一个地区范围的土地究竟能承载多少人口，主要取决于土地能够生产可供人类食用的物资的数量。因此，土地人口承载能力的核心是土地的生产能力。而影响土地生产力的因素主要有光、温、水、土等各种自然条件和能力投入、资金投放、集约化水平、产业结构、劳动力素质、作物品种、新技术的应用、政策措施等社会经济和技术条件。② 苗族特殊的地理环境，土地资源原本稀缺，而人口不断地增长。加之土地本身的贫瘠，土地的

---

① ［英］李嘉图：《政治经济学及赋税原理》，郭大力等译，商务印书馆1976年版，第195页。

② 姜志德：《中国土地资源可持续利用战略研究》，中国农业出版社2004年版，第69—71页。

生产率低下，其土地资源的承载能力非常薄弱。这也是苗族农业发展之瓶颈和困境之一。

　　经济全球化意味着市场变得更大，资源配给要更大幅度地依赖于市场，这样的现实对于发达的地区、发达的民族来说，是有了更大的舞台来展示自己的经济实力，能够获取更大的经济利益。可是对于苗族这样的欠发达地区的欠发达的民族来说，压力却是更大了。地理的因素除了带来了生产环节的重大阻碍，在交换环节也带来了很大的困难。以往还可以凭借自己的资源优势占有一定的市场份额，现在靠着这些技术含量低的资源型产品在市场上要占有一席之地是越来越困难了。因此，要结合苗族的居住地理环境，因地制宜，发挥区位优势，有效合理配置和利用土地资源，以促进农业经济可持续发展。

第四章　苗族农业生产效率
测算与实证分析

第一节　生产效率分解与讨论

法雷尔（Farrell，1957）采用德布鲁（Debreu，1951）和库普曼（Koopmans，1951）的研究成果，定义了能计算多投入生产单元效率的简单测量。（法雷尔，1957）提出生产单元效率包含两个成分：技术效率（techincal efficiency）和配置效率。技术效率是反映由给定投入集，生产决策单元获得最大产出的能力。配置效率是指在给定的价格以及生产技术不变的条件下，生产决策单元获得对投入要素进行最佳投入比例配置的能力。这两方面效率的测量，构成了总的经济效率（Economic Efficiency）的测量。

一　投入导向的生产效率

假设规模报酬不变，法雷尔（1957）采用由两种投入 x_1 和 x_2 生产单一产出 q 的生产模型，见图 4.1。

SS' 表示完全效率生产单元（Fully Efficient Firms）的单位等产量线，用以对技术效率进行测算。生产决策单元如果使用给定 P 点定义的投入量去生产单位产出量，那么其技术无效率可用距离 QP 表示，它的含义是，在产出不减少的条件下，所有投入要素按比例可能减少的量，由 QP/OP 的百分比来表示，即要达到技术上有效率，所有各投入生产要素所需要减少投入量的百分比。常采用比率来测算生产决

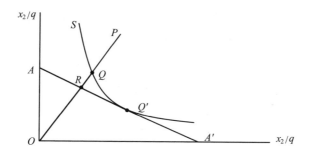

图4.1　技术效率与配置效率

策单元的技术效率（TE），它等于 1 减去 QP/OP。

$$TE = OQ/OP \qquad (4-1)$$

其取值在 0 到 1，因而 TE 是衡量生产决策单元技术效率程度的指标。技术效率值取 1 表明生产决策单元是完全技术有效率的。例如图 4.1 中的 Q 点是技术有效的，位于有效的等产量线上。生产单元技术效率的投入导向测量，可用投入距离函数 $d_i(x,q)$ 表述为：

$$TE = 1/d_i(x,q) \qquad (4-2)$$

如果生产决策单元的生产点位于前沿面之上，那么该生产决策单元就是技术有效率的，在这种情况下，$TE = 1$ 且 $d_i(x,q)$ 也等于 1。

在可以获得投入价格信息的条件下，对所研究生产决策单元的成本效率（cost efficiency）进行测算成为可能。给定 w 表示投入价格向量，x 代表与 P 点有关的投入向量的观测值。令 $\hat{x}$ 与 x^* 分别代表技术有效点 Q 的投入向量与 Q' 点的投入向量，Q' 表示的成本最小化的投入向量。于是，可定义该生产决策单元，在 P 和 Q' 点的成本效率为：与投入向量 x 与 x^* 有关的投入成本的比率。故有：

$$CE = w'x^*/w'x = OR/OP \qquad (4-3)$$

图4.1 中，在假定投入价格比率是已知的条件下，投入价格比率用成本线 AA' 斜率表示，则生产决策单元的配置效率与技术效率的测量值，可以用等成本线进行计算。由下面式子给出：

$$AE = w'x^*/w'\hat{x} = OR/OQ \qquad (4-4)$$

$$TE = w'\hat{x}/w'x = OQ/OP \qquad (4-5)$$

式（4-4）与式（4-5）源自以下发现，距离 RQ 代表生产处于两种情形下所发生的生产成本的减小，即生产从技术有效但配置无效的 Q 点，到配置有效率，且技术有效的 Q 点所发生的成本的减少。给定技术效率的测量与配置效率的测量，则全部总成本效率（CE）为技术效率测量与配置效率测量两者的乘积：

$$TE \times AE = (OQ/OP) \times (OR/OQ) = (OR/OP) = CE$$

$$(4-6)$$

所有三个测量值都限定在 0 到 1。

上述图形阐述效率测量，用到规模报酬不变技术。给定规模报酬不变技术与两种投入变量，则可以完成在二维平面中做出必需的图形。对于规模报酬可变的情形，利用简单代数表达式也可以等价地定义出这些效率的测量。为了阐述这点，可以做一些调整，改变图 4.1 中的坐标轴标志为 x_1 和 x_2，并且假定等产量线表示与特定产出水平相关的投入集的下限。于是，可以定义与上述情况类似的效率测量。

二 产出导向的效率分解

考虑生产涉及两种产出（q_1 与 q_2）、单投入 x 情况下阐明产出导向生产效率分解。假定 CRS，那么可以在二维平面上用单位生产可能性曲线来表示生产技术，见图 4.2。VV' 代表生产可能性曲线，A 表示无效生产决策单元。运营于 A 点的无效生产决策单元处于生产可能性曲线下方，因为 VV' 表示生产可能性的上限。

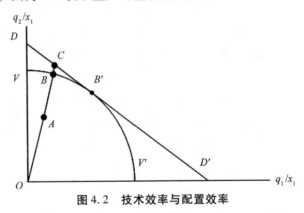

图 4.2　技术效率与配置效率

产出导向的效率测度定义如下。在图 4.2 中，距离 AB 代表技术无效，它表示不需要额外的投入所能增加的产出量。因此，产出导向的技术效率为：

$$TE = OA/OB = d_j(x,q) \qquad (4-7)$$

$d_j(x,q)$ 表示产出距离函数值，x 是投入向量的观测值，q 是产出向量的观测值。

DD' 线表示任意产出价格向量观测值，收入效率（revenue efficiency）可以用这一观测值进行定义。假设用 q 表示生产决策单元与 A 点有关的产出向量观测值，p' 代表生产决策单元与 B 点有关，且技术有效的生产向量，收入有效向量用与 B' 点有关的 $\bar{q}$ 表示，那么生产决策单元的收入效率定义为：

$$RE = p'q/p'\bar{q} = OA/OC \qquad (4-8)$$

如果价格信息可以获得，那么就能画出等收入线 DD'，配置效率与技术效率定义如下：

$$AE = p'\bar{q}/p'\bar{q} = OB/OC \qquad (4-9)$$

$$TE = p'q/p'\bar{q} = OA/OB \qquad (4-10)$$

用于解释收入增加对配置无效率减少成本的解释。进而可以定义全部收入效率为：

$$RE = OA/OC = (OA/OB) \times (OB/OC) = TE \times AE$$
$$(4-11)$$

这 3 个效率指标的大小范围在 0～1。

三　规模效率讨论

对于生产技术前沿生产决策单元的生产效率，有几种可能的情况：首先，一个生产决策单元在实现了技术有效率与配置有效率的情形下，其生产规模不一定实现最优状态。其次，假定规模报酬可变（VRS），如果该生产决策单元的生产规模太小，那么生产的运营将处于规模报酬递增（IRS）区域。反之，如果生产规模过大，生产的运营会处于规模报酬递减区域。基于这两种情形，如果生产效率不是最佳的，那么生产决策单元通过改变生产规模可以提高生产效率，即在投入组合保持不变的条件下，改变生产规模提高生产效率。最后，如果生产决策单元采用规模报酬不变（CRS）技术，则只要生产运营同时满足技术有效与配置有效，那么该生产决策单元一定是规模有效的。而当生产单元不能够通过改变其运作规模而变得更有生产能力时，称之为运营于最大生产能力规模（Most productive scale size，MPSS）上，或等价地说，运营于技术最优的生产能力规模之上。

在多投入、多产出的情况下，规模效率测量是利用投入向量 x 生产产出向量 y 的特定生产单元，TOPS 概念与在生产前沿搜寻最大生产率水平有关，受限于投入和产出的组合不改变，但这些向量的规模却是能改变的约束条件。

法尔、格罗斯克夫和罗斯（1998）给出投入向量为 x 产出 q 的生产单元定义规模效率的投入导向测度为：

$$SE(x,q) = d_i(x,q:VRS)/d_i(x,q:CRS) = TE_{CRS}/TE_{VRS}$$

$$(4-12)$$

在后面的 4.3 节中，本书将运用这一测度方法评价苗族农业生产的规模效率，并由软件 Deap2.1 给予实现。

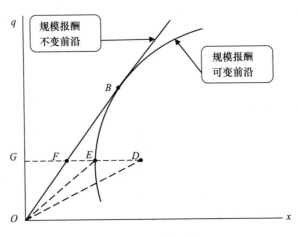

图 4.3 规模效率

第二节　生产效率测度方法

本节将分别讨论两种当前运用比较广泛的生产效率测算方法：数据包络分析（Data Envelopment Analysis）与随机生产前沿分析。这两种方法也是本书在苗族农业生产效率研究与评析中所采用的实证研究方法，通过对这两种方法的讨论为构建苗族农业生产效率模型提供技术支持和理论框架依据。

一　数据包络分析（DEA）

1978 年，著名的运筹学家 A. Charnes，W. W. Cooper 和 E. Rhodes 首先提出数据包络分析（Data Envelopment Analysis，简称 DEA）方法。这一方法的主要思想是运用数学线性规划（linear programming）对观测数据进行拟合，以完成非参数分段前沿面构建。从而评价生产中各个部门间或是生产单元的相对有效性，即 DEA 有效。数据包络分析（DEA）方法是运筹学的一个分支，由数学、经济学以及管理学交叉形成的一种研究方法，可根据相同类型生产决策单元的输出值来估计有效生产前沿面，进而确定被评价的生产决策单元或样本点是否位于有效生产前沿面之上。该生产前沿面是指经观察到的被评价生产单元或样本点的生产活动信息，从而得到的经验性的生产前沿面。被评价生产决策单元（样本点）的观察值构成了包络面的一部分。数据包络分析（DEA）的本质是由数据驱动，并通过统计数据来确定相对有效的生产前沿面，基于生产前沿面的理论和方法，继而建立非参数的最优化模型，以研究相同类型生产决策单元的效率差异。数据包络分析（DEA）方法中主要包括评价决策单元技术效率的 C^2R 模型以及分解和评价纯技术和规模效率是否有效的 BC^2 模型。

1. 规模收益不变 DEA 模型

查尔斯、库伯和罗兹（1978）曾提出一个投入导向（input orientation）的 DEA 模型，并假定规模收益不变（CRS）。之后投入导向的 CRS 模型得到了广泛的应用。

CRS 模型假设有 I 个生产决策单元，第 i 个生产决策单元采用有 N 种投入与 M 种产出的生产模式，投入和产出分别用列向量 x_i 和 q_i 表示。所有 I 个生产决策单元的数据，可以用 $N \times I$ 投入矩阵 X 与 $M \times I$ 产出矩阵 Z 表示。那么，可以用 $u'q_i/v'x_i$ 表示每一个生产决策单元的产出与投入之比。其中，u' 代表产出权数的 $N \times 1$ 向量，v' 则是投入权数的 $M \times 1$ 向量。如下线性规划（LP）问题，通过求解可以得到最优权数：

$$\max_{u,v}(u'q_i/v'x_i) \tag{4-13}$$

$$s.t\ u'q_i/v'x_i < 1 \quad j = 1,2,3,\cdots,I \tag{4-14}$$

$$u,v \geqslant 0$$

式（4-13）线性规划问题涉及求出 u 与 v 的值，并且需要满足约束条件"所有效率测量值满足小于或等于 1"，使第 i 个生产决策单元的效率最大化。线性规划（LP）需要对于每一个生产决策单元进行求解。因此，每一个生产决策单元都被指定最有助于它们的一个权数。由于这一特殊比率公式存在无穷多个解，为解决此类问题，通常的做法是，将约束条件 $v'x_i = 1$ 施加到式（4-13）中，求解：

$$\max_{u,v}(\mu'q_i) \tag{4-15}$$

$$s.t\ v'x_i = 1$$

$$\mu'q_i - v'x_i < 0\ j = 1,2,3,\cdots,I$$

$$\mu,v \geqslant 0$$

其中，将变量 u 与 v 换为 μ 与 v 是为了区别与式（4-14）是不同的线性规划问题。线性规划问题（LP）式（4-15）中，数据包络（DEA）模型中，式 $\mu,v \geqslant 0$ 是著名的乘数形式（multiplier form）。进一步利用线性规性的对偶性，从而推导出如下等价包络模型：

$$\min_{\vartheta,\lambda}\vartheta \tag{4-16}$$

$$s.t\ -q_i + Q\lambda \geqslant 0$$

$$\vartheta x_i - X\lambda \geqslant 0$$

$$\lambda \geqslant 0$$

其中 ϑ 代表标量，λ 表示一个 $N \times 1$ 常数向量。这一包络形式涉及比乘数形式（$N + M < I \times 1$）较少一些的约束条件，因此，是一种

一般可以接受的求解形式。通过求解得到的 ϑ 值是第 i 个生产决策单元的效率值，ϑ 满足 $\vartheta < 1$ 的要求。ϑ 是衡量生产决策单元效率的重要指标，假设测算出生产决策单元的 ϑ 值等于 1，那么该生产决策单元是技术有效的，其生产运营于最佳前沿面之上。在实际测算中，需要对每个生产决策单元进行一次求解，即需要求解 I 次线性规划问题，进而求解出每个生产决策单元的 ϑ 值。

线性规划（LP）式（4-16）表示的数据包络（DEA）问题具有良好的直观解释。这一模型以第 i 个生产决策单元为研究对象，并在可行的投入集合之内径向地收缩投入向量 x_i。而集合内边界就是一条等产量线（如图4.4所示），并且成分段线性，该等产量线是由样本中所有生产决策单元的观测数据点来决定的。采用这一技术，投入向量 x_i 在前沿面上形成投影点 $(X\lambda, Q\lambda)$，点 $(X\lambda, Q\lambda)$ 是观测数据点的线性组合。线性规划（LP）式（4-16）中的约束条件确保投影点 $(X\lambda, Q\lambda)$ 不落于可行集之外。

如同法尔等（1994）所阐述的，与 LP 式（4-16）有关的生产技术可被定义为 $T = \{(x,q) : q \leq Q\lambda, x \geq X\lambda\}$。法尔等（1994）证明，该技术所定义的是一个封闭的生产集，同时还表明了该技术的规模收益不变和强处置性。[①]

2. 规模收益可变模型

规模收益可变技术（VRS）的假设，使所有生产决策单元以最优规模运营成为可能。然而其他因素可能导致生产决策单元难以达成最优规模运营的目标，例如财务约束、不完全竞争、政府管制因素等。阿弗里阿特（1972）格罗斯法尔和洛根（1983），还有班克、查尔斯和库伯（1984）等提出对 CRSDEA 模型加以改进，用于解释规模收益可变（VRS）的情况。在所有生产决策单元不能以最优规模运营的情形下，使用规模报酬不变（CRS）技术设定会导致 TE 的测量结果与规模效率（scale efficiencies，SE）的混淆不清。使用规模报酬可变

---

① ［澳］蒂莫西·J. 科埃利：《效率与生产率分析引论》，王忠玉译，中国人民大学出版社2008年版，第328—331页。

（VRS）技术设定，则不会出现 SE 效应对 TE 进行计算的影响。为了解释规模报酬可变（VRS）的效应，将约束条件 $I1^{'}\lambda = 1$ 添加到线性规划式（4-16）中，CRS 线性规划问题变为：

$$\min_{\vartheta,\lambda}\vartheta \qquad\qquad (4-17)$$

$$s.t - q_i + Q\lambda \geqslant 0$$

$$\vartheta x_i - X\lambda \geqslant 0$$

$$I1^{'}\lambda = 1$$

$$\lambda \geqslant 1$$

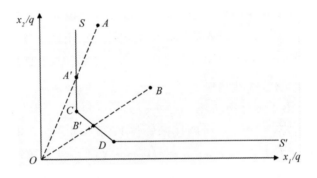

图 4.4 效率测量与投入松弛

其中 $I1$ 表示元素为 1 的 $I \times 1$ 向量。这一技术构建一个相交面所组成的凸包络面，与 CRS 技术下的锥包络相比，这一凸包络面的观测数据更加紧凑。因此，求解得到的技术效率值，比 CRS 技术所得到的技术效率值大。

凸性约束条件（$I1^{'}\lambda = 1$）可以确保无效生产单元只与类似规模的"基准"生产单元比较。也就是，DEA 前沿上的投影点是观测生产单元的凸组合。在 CRS 模型中没有这一凸性约束。因此，在 CRS DEA 模型中，被评价生产单元可能与比它大（小）得多的参考生产单元进行比较。而权数 λ 的总和将小于（大于）1。

3. 规模效率

通过执行规模收益不变（CRS）以及规模收益可变（VRS）技术

的数据包络分析（DEA），从而获得每个生产决策单元的规模效率。继而把从规模收益不变（CRS）技术 DEA 中获得的技术效率分解成两个部分：一是规模无效；二是"纯"技术无效，即 VRS TE。对某一特定生产决策单元，如果规模收益不变（CRS）技术效率值与规模收益可变（VRS）技术效率值有差异，表明该生产决策单元是规模无效率的。

在图 4.5 中，采用一种投入与一种产出的示例来阐明规模无效的情形。图 4.5 中绘出规模收益不变（CRS）的前沿，同时也绘出了规模收益可变（VRS）DEA 模型的前沿。在投入导向的 CRS 技术条件下，P 点的技术无效性是距离 PP_C。而在投入导向的 VRS 情形下，技术无效性是 PP_V。因为存在规模无效性，所以这两种情形下的技术效率值之间差距为 $P_C P_V$。这些概念用数学比率效率形式表示如下：

$$\mathrm{TE_{CRS}} = AP_C/AP \qquad (4-18)$$

$$\mathrm{TE_{VRS}} = AP_V/AP \qquad (4-19)$$

$$\mathrm{SE} = AP_C/AP_V \qquad (4-20)$$

其中三个指标的取值范围为 0 到 1。

因为

$$AP_C/AP = (AP_V/AP) \times (AP_C/AP_V) \qquad (4-21)$$

所以

$$\mathrm{TE_{CRS}} = \mathrm{TE_{VRS}} \times \mathrm{SE} \qquad (4-22)$$

由上述给出的数学表达式可知，CRS 技术效率测量可以分解为规模效率与纯技术效率。规模效率测量可看成在 P_V 点运营的生产决策单元的平均产品与在最优规模 R 点运营的生产决策单元的平均产品两者之比率。

这一规模效率测量方法的不足之处是，规模效率值不能表明，生产决策单元是运营于规模收益下降区域，还是运营于规模收益递增区域。前者可通过在非递增规模报酬（no-increasing returns to scale）约束条件下，求解 DEA 模型得以解决。用 $I1'\lambda < 1$ 代替线性规划（LP）模型中的约束条件 $I1'\lambda = 1$，可得到如下模型：

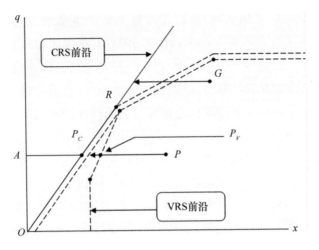

图 4.5　DEA 中的规模经济

$$\min_{\vartheta,\lambda}\vartheta \qquad\qquad (4-23)$$
$$s.t - q_i + Q\lambda \geqslant 0$$
$$\vartheta x_i + X\lambda \geqslant 0$$
$$I1'\lambda < 1$$
$$\lambda \geqslant 0$$

图 4.5 也画出 NIRS DEA 前沿。就特定生产单元而言，生产规模是递增或递减，依据 NIRS 技术效率是否等于 VRS 技术效率来确定。如图 4.5 中的 P 点，假设二者不相等，该生产决策单元存在规模收益递增。反之，如图 4.5 中的 G 点，那么存在规模收益递减。

其中，约束条件 $I1'\lambda = 1$ 确保了第 i 个生产决策单元不以比它大得多的生产决策单元为参照单元，而是可能会与比其小的生产决策单元作为参照。

4. 投入与产出导向讨论

投入导向数据包络分析（DEA）方法的基本思想是：基于法雷尔的技术无效率测量，即在保持产出水平固定的前提下，按比例减少投入量，以测算技术无效性。也可以在保持投入不变情况下，通过按比例增加产出测算技术无效性。在规模收益不变（CRS）条件下，这两种技术测算的技术效率值是相等的。但是，在规模收益可变（VRS）

条件下，两种结果不相等。倘若线性规划不存在诸如联立方程偏倚这类统计问题，导向选择就不如在计量经济估计中那么关键。在大量研究中，倾向于选择投入导向的模型。其原因在于许多生产单元要满足特定的生产目标，因而投入量成为其基本决策变量，尽管这种观点并不适用于所有行业。在一些行业中，要求生产单元用给定资源投入量生产尽可能多的产出。在这种情况下，选择产出导向模型将更适当。一般而言，应根据生产决策单元最希望控制的变量，如投入或产出，继而确定模型的导向。然而在多数情况下，导向的选择对测算的结果影响甚小。

二　随机生产前沿（SFA）方法

1. SFA 方法

艾格纳和朱（Aigner and Chu，1986）曾使用柯布—道格拉斯型生产前沿：

$$\ln q_i = x_i{}' \beta - u_i \quad i = 1, 2, \cdots, I \qquad (4-24)$$

其中 q_i 代表第 i 个生产决策单元的产出，x_i 表示一个由投入要素对数形式组成的 $K \times 1$ 维向量，β 代表未知的参数向量，u_i 是非负随机变量，它与技术无效性有关。下述几种方法为国外学者常用的估计方法。其中，艾格纳和朱采用线性规划方法，弗里阿特（Afriat，1972）假设 u_i 是服从伽玛（Gmma）分布的随机变量，继而采用最大似然法估计参数值，而理查蒙德（Richmond）采用的则是修正普通最小二乘法（Modified Ordinary Least Squares，MOLS）。

穆森和布勒克（Messusen and Van Den Broeck，1977），艾格纳、洛夫尔和施密特（Aigner，Lovell and schmidt，1977）等提出如下技术的随机生产前沿函数模型：

$$\ln q_i x_i = x_i{}' \beta + v_i - u_i \qquad (4-25)$$

式（4-24）与式（4-25）比较，增加了表示统计噪声的随机误差项 v_i，除此之外，该模型与模型（4-24）是相同的。统计噪声来源于两方面：一是所忽略的与 x_i 相关变量的影响；二是来自所选择函数形式以及测量误差带来的干扰。由于模型中产出值以随机变量

$exp(x_i{}'\beta + v_i)$ 为上限，所以，式（4–25）被定义为随机生产前沿模型。随机误差 v_i 既可以为正亦可以为负，因此，随机前沿产出以确定部分 $\exp(x_i{}'\beta)$ 为基准而变动。随机生产前沿模型的一些重要特征通过图 4.6 来阐明。

考虑一种情形，利用一种投入 x_i，产出为 q_i 的生产决策单元。在这种情况下，柯布–道格拉斯随机生产前沿模型可表示如下：

$$\ln q_i = \beta_0 + \beta_1 \ln x_i + v_i - u_i \qquad (4-26)$$

$$q_i = \exp(\beta_0 + \beta_1 \ln x_i + v_i - u_i) \qquad (4-27)$$

$$q_i = \underbrace{\exp(\beta_0 + \beta_1 \ln x_i)}_{\text{确定部分}} \times \underbrace{\exp(v_i)}_{\text{噪声}} \times \underbrace{\exp(-u_i)}_{\text{无效性}} \qquad (4-28)$$

这一生产前沿模型用图 4.6 来阐明，给定两个生产单元 A 和 B 的投入与产出。其中，横轴表示投入量，纵轴代表产出量。规模收益递减的存在性由生产前沿模型的确定部分加以阐明。生产决策单元 A 利用投入 x_A 生产出 q_A，而生产决策单元 B 利用投入 x_B 生产得到 q_B。图 4.6 中，这些观测值采用标有▲的点表示。如果 $u_A = 0, u_B = 0$，即没有无效效应，那么生产决策单元 A 和生产决策单元 B 的前沿产出分别是：

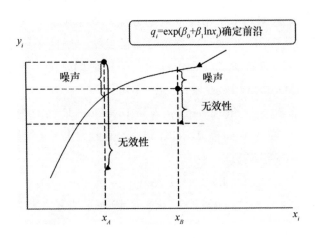

图 4.6　随机生产前沿

$$q_A \equiv \exp(\beta_0 + \beta_1 \ln x_A + \nu_A) \quad q_B \equiv \exp(\beta_0 + \beta_1 \ln x_B + \nu_B)$$

$$(4-29)$$

在图 4.6 中，这些前沿的值用 ● 标有的点来表示。显然，因为生产决策单元 A 的噪声影响是正的，即 $\nu_A > 0$，所以，其产出位于生产前沿的确定部分的上方，而生产决策单元 B 的噪声影响为负，即 $\nu_B < 0$，前沿产出确定部分之下。另外，由于无效效应之和为负，即 $(\nu_A - u_A) < 0$。生产决策单元 A 的实际产出位于前沿确定部分之下。

可以把生产前沿模型（4-26）的这些特性推广到多投入情形。尤其是不可观测的前沿产出，在前沿确定部分上下方有均匀分布的趋势，但可观测的产出趋于前沿确定部分之下。当噪声的影响大于无效效应且为正，即 ${q_i}^* > \exp(x_i{}'\beta)$，且仅当 $\varepsilon_i \equiv (\nu_i - u_i) > 0$ 时，可观测的产出值，处于前沿确定部分之上。

随机前沿分析的目的，更多是为了预测无效效应。较常用的产出导向技术，可以用可观测的产出值与相应随机前沿产出之比来表示。

$$TE_i = \frac{q_i}{\exp(x_i\beta + \nu_i)} = \frac{\exp(x_i{}'\beta + \nu_i - u_i)}{\exp(x_i{}'\beta + \nu_i)} = \exp(-u_i)$$

$$(4-30)$$

这种技术效率测量取值在 0 和 1 之间。它衡量第 i 个生产决策单元的产出与完全有效生产决策单元产出之间的相对差异，并且两种情形下的投入量是相同的。显然，要预测技术效率 TE_i，首先要估计模型式（4-30）中的参数。

2. 参数估计

模型式（4-26）的右边复合误差项中，包含两个随机项：对称误差 ν_i 与非负随机变量 u_i。这使得对模型的参数估计变得相对复杂。而参数估计方法又与这两个随机变量的假设有关。

通常，假定 ν_i 与 u_i 相互独立，并且分别与解释变量 x_i 不相关。此外，

$$E(\nu_i) = 0 \text{（零均值）}$$

$$E({\nu_I}^2) = \sigma_\nu^2 \text{（同方差）}$$

$$E(\nu_i\nu_j) = 0 \quad \text{对任意 } i \neq j \text{（不相关）}$$

$$E(u_i^2) = \text{常数（同方差）}$$

$$E(u_i u_j) = 0 \text{ 对任意 } i \neq j \text{（不相关）}$$

因而，v_i 与经典线性回归模型中的噪声有许多相同的性质。除了具有非零均值（因为 $u_i \geq 0$）之外，无效部分有类似性质。

在这些假设下，利用普通最小二乘法（OLS）对模型参数进行估计，从而获得斜率系数的一致估计量。然而，采用小二乘法（OLS）估计出的截距系数是向下偏的。此外，OLS 方法难以完成对技术效率的测算。温斯顿（Winston，1957）提出了解决这一问题方法，即用一个变量对截距项的偏差进行校正，校正之后得到的估计结果，就是校正普通最小二乘估计（corrected ordinary least squares，COLS）。另外，一种更好的解决方法是，假设两个随机误差项，存在某种分布，那么可以采用最大似然法（ML）来估计模型。由于 ML 估计具有渐近的性质，并能满足大样本情况下的估计。因此，与其他方法诸如 COLS 相比，通常更倾向于使用 ML 估计。

3. 半正态模型

艾格纳、洛夫尔和施密特（1977）在假设

$$v_i \sim iidN(0, \sigma_v^2) \tag{4-31}$$

$$u \sim iidN^*(0, \sigma_u^2) \tag{4-32}$$

条件下得到了 ML 估计。假设式（4-31）表明，v_i 是独立同分布的正态随机变量，其均值为 0 且方差为 σ_v^2。假设式（4-32）表明，u_i 是独立同分布的半正态随机变量，其中尺度参数为 σ_u^2。也就是说，每个 u_i 的概率密度函数（pdf）其均值为零，方差为 σ_u^2 的正态概率密度函数的截断形式。

艾格纳、洛夫·尔和施密特（1977）对这一正态模型对数似然函数按照 $\sigma^2 = \sigma_v^2 + \sigma_u^2$，$\lambda^2 = \sigma_v^2 / \sigma_u^2$ 进行参数化。如果 $\lambda = 0$，那么所有相对于前沿的偏离，是由噪声引起的，因而不存在技术无效效应。一旦进行了参数化，对数似然函数的形式变为：

$$\ln L(y/\beta, \sigma, \lambda) = -\frac{1}{2}\ln\left(\frac{\pi\sigma^2}{2}\right) + \sum_{i-1}^{I}\ln\Phi\left(-\frac{\varepsilon_i\lambda}{\sigma}\right) - \frac{1}{2\sigma^2}\sum_{i-1}^{I}\varepsilon_i^2$$

$$\tag{4-33}$$

其中 y 是取对数后得到的产出向量，$\varepsilon_i \equiv v_i - u_i = \ln q_i - x_i\beta$ 是合

成误差项；$\Phi(x)$ 是积分布函数在 x 点的值，为标准正态随机变量。通常，对数似然函数的最大化要求求出未知参数的一阶导数，并设它们为 0。但式（4-33）的这些一次条件都是高度非线性的，而且不能直接从解析式上解出 β、σ、λ 和 ε。必须通过迭代优化程序，使得似然函数式（4-33）最大化。这涉及对未知参数选取初始值，并对它们进行系统更新，直到找到使似然函数最大化的点。

第三节　基于 DEA 方法的苗族农业生产效率测度

当前国内采用 DEA 方法对农业生产效率、全要素生产效率进行测度和评价的文献比较多，主要侧重于对农业全要素生产效率分解与变化进行评价。大致可以分为两类：一是采用省际面板数据对各省、区的农业全要素生产率变化、技术进步、规模效率变化等进行测算和比较，而采用的主要是马姆奎斯特（Malmquist）TFP 指数模型。主要代表文献有：华中农业大学李谷成（2008）《基于转型视角的中国农业生产率研究》（博士学位论文），南开大学魏下海（2010）的博士学位论文《全要素生产率增长与人力资本效率研究——基于中国省际面板数据的经验分析》，高宇明和齐中英发表的论文《基于时变参数的我国全要素生产率估计》等。二是以单个省、区时间系列数据对农业全要素生产率变化进行测算，其模型选择也主要是马姆奎斯特（Malmquist）TFP 指数模型，这一类型以发表的相关论文据多，其代表文献有李尽法和吴育华（2008）发表于农业技术经济的论文《河南省农业全要素生产率变动实证分析》，潘阳农业大学丁岩（2008）的博士学位论文《辽吉两省玉米全要素生产率研究》等。

由于所采用的数据来自作者于 2010 年对云南省文山市进行实地问卷调查得到的截面数据。因此，本书采用 CRS、DEA 技术效率模型、CRS、DEA 成本效率模型与 VRS、DEA 规模效率模型对苗族农业生产效率进行绩效评价。

一 模型建构

依据上一节对 DEA 方法的讨论，在相同的技术结构条件下，将每一个苗族村视作一个生产决策单元，采用由 Fareetal（1994）提出的数据包络分析 DEA 方法。基于生产前沿面是评价每一个生产决策单元其生产绩效优劣的基准，本书采用通过调查 170 个苗族村获得的数据构建苗族农业的生产前沿面。如果生产决策单元的生产点位于在前沿面上，说明该生产决策单元的技术效率是完全有效的，如果落在前沿面之内，则将这种情形称为技术上存在无效率。通过确认每一个苗族村生产决策单元（DMU）的实际生产点是否位于生产前沿面之上，以评判每个苗族村的农业技术效率是否是有效的，从而得出当前苗族的农业生产的绩效水平。如此，进一步对苗族农业生产的成本效率、要素配置效率和规模效率做出评价。

二 数据说明与变量定义

1. 数据说明

笔者于 2010 年对云南省文山市 187 个苗族村农业进行实地调查，获得了 170 个村的样本数据，缺失 17 个村的数据。现在所采用的是 170 个苗族村的横截面（Cross-Sectional Data）数据。由于采用横截面数据，不能动态评价农业部门的技术效率变化、技术进步以及规模效率的变化等指标。由此，本书主要评价苗族农业生产部门的技术效率、配置效率、规模效率以及成本效率，从而测度苗族农业生产部门的绩效水平。

2. 变量定义

（1）产出变量（Y）。以苗族村为一个生产决策单元，Y 是 2010 年内粮食种植总产值（总产量），主要包括所种植的各种粮食作物① 总产值（总产量），单位为元。由于苗族的居住的地理环境比较相似，粮食种植主要以传统的生产方式进行，苗族种植的粮食作物比较

---

① 苗族的粮食作物种植比较单一，主要以玉米、旱稻、荞等为主。

单一，每个苗族村在粮食作物品种上存在较小的差异。因此，粮食种植的总产量可以直接将每个样本村的产量进行加总获得，总产值可以用粮食作物的品种价格信息进行加总来表示。

（2）投入变量（K）。K是每个苗族村一年内在粮食种植生产上投入的物质资本，单位为元。物质资本体现为在直接生产过程中各种农业生产资料的支出或消耗，包括化肥、农药、种子秧苗和农家肥等，其中不包括生产期间发生的与直接生产过程无关的费用。

（3）劳动力人数（L）。采用每一个生产决策单元（苗族村）在农业生产活动中的实际劳动力人数。劳动力这一生产要素涉及数量与质量的问题，就数量而言，在生产模型中与其他生产要素的组合体现为生产技术以及要素的优化配置。就质量而论，体现为生产效率的提高，以及对产出的边际生产能力。

（4）耕地面积（U）。采用2010年内生产决策单元（村）实际投入农业种植生产的耕地面积表示，其中包括水田和旱地的总面积，以亩为单位。从理论上分析，规模经济是一种典型的倒U形效应。生产规模过小或过大都被视作规模不经济，规模过小体现为可变投入不足，固定投入得不到充分利用，两者的比例失衡，达不到最优规模效应，最终丧失规模报酬带来的收益。另一方面，规模过大，由于投入的可变生产要素过量，固定生产要素不足，不能实现生产要素的最佳组合，同时由于规模过大会造成管理无效率，继而导致规模不经济。基于规模经济的要求，应选择使长期平均成本最小的生产规模，从而实现最优耕地面积。

三　模型估计与估计结果解析

1. 投入导向的 CRS、DEA 苗族农业技术效率估计

根据调查 170 个苗族村获得的样本数据，把每个村看成一个生产决策单元，粮食产出为 $Y_i(i = 1,2,\cdots,170)$，投入 L（劳动力），K（资本）和 U（耕地），三种投入一种产出的模型，见表 4.1。170 生产决策单元（苗族村），通过求解 170 次线性规划问题，即对每个生产单元求解一次，可获得每个生产单元的技术效率（θ）值。

表4.1 CRS 技术效率投入产出表

生产单元（村）	Y_i	K	U	L
1	50000	980	125	150
2	165600	630	460	258
…	…	…	…	…
…	…	…	…	…
169	25460	800	67	78
170	86400	860	216	159

数据来源：作者于 2010 年的调查数据。

通过 Deap2.1 软件来实现对苗族农业生产技术（θ）的估计，得到如下报告，见表4.2。

表4.2 CRS 投入导向的 DEA 估计结果

生产单元（村）	θ	λ_1	λ_2	λ_3	…	λ_{170}
1	0.643	—	—	—	0.00	—
2	0.946	—	—	0.09	—	—
…	…	…	…	…	0.00	0.00
…	…	…	…	…	0.00	0.00
169	0.617	—	0.00	0.00	0.00	0.00
170	0.761	—	0.00	0.00	0.00	0.00
mean	0.687	0.00	0.00	0.00	0.00	0.00

表4.2中，θ是技术效率值，$\lambda_i (i = 1,2,\cdots,170)$是投入松弛权数。在规模效益不变条件下，通过 DEA 方法估计得到的 θ 值，θ 是第 i [$i = (1,2\cdots,170)$] 个生产决策单元的效率值。θ 满足 $\theta < 1$ 的要求，根据法雷尔的定义，如果生产单元的 θ 值等于 1，则技术是有效的，该生产决策单元运营于最佳前沿面之上。如果 $\theta < 1$，则生产决策单元的生产技术是无效率的。

表4.2中170个苗族村的农业生产技术效率估计平均值为0.687。170个生产单元，只有7个生产单元的生产效率是最佳的（$\theta = 1$），

处于最优的生产前沿面上，占生产决策单元总数的4.22%。图4.7是170苗族村生产决策单元的农业生产技术效率统计描述，其中生产技术效率在0.9以上的生产单元占7.08%。将苗族的农业生产技术效率水平分为三个层次，第一个层次为0到0.5，第二个层次为0.5到0.8，第三个层次为0.8到1。图4.7中170个苗族村农业生产技术效率在这三个区间的比例分别为15.88%、57.05%和22.38%。

表4.3　　　　　　　　　　技术效率与投入松弛统计描述

	N	最小值	最大值	均值	标准差
Te	170	0.31	1.00	0.69	0.18
K	170	0.00	1047.80	115.02	196.04
U	170	0.00	111.29	1.17	8.91
L	170	0.00	64.83	2.76	9.34
Valid N	170				

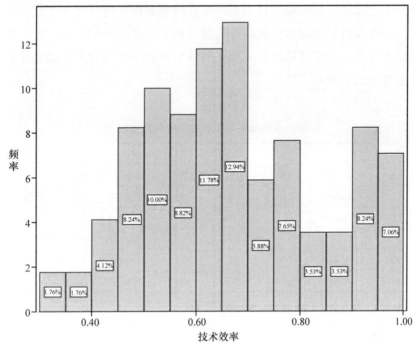

图4.7　170个苗族村农业生产技术效率

技术效率是全部经济效率的一个组成部分，为了达到经济上的有效，一个生产单元或称为决策单元 DMU（Decision Making Unit）必须首先在技术上是有效的。在 CRS DEA 苗族农业生产技术效率模型估计报告中，苗族的农业生产技术效率平均为 0.687（见表 4.3），170个生产单元中有 7 个生产单元的生产效率是最佳的（$\theta = 1$），处于最优的生产前沿面上。这说明了苗族农业的整体生产技术效率是无效率的。

2. CRS DEA 成本效率与配置效率估计

基于投入导向模型，分别在规模收益不变（CRS）与规模收益可变（VRS）两种假设条件下，对苗族农业生产成本效率与配置效率进行估计和评价。并比较在这两种假设条件下 170 个生产单元的成本效率与配置效率的绩效水平。

成本效率定义为投入向量与投入成本之间的比率，用技术效率与配置效率两者的乘积表示总成本效率。配置效率可以从产出与投入两个角度来定义，依据每一投入生产要素的相对价格进行投入要素的配置，即投入的配置效率。依据产品的价格来生产适当的产品，即产出的配置效率。假设其他条件不变，资源配置效率的变化对产出水平将产生直接的影响。

表 4.4　　　　　　　　CRS 成本效率与配置效率投入产出表

Unit	Y	K	LA	L	P_K	P_{LA}	P_L
1	50000	980	125	150	0.066	600	30
2	165600	630	460	258	0.066	600	30
3	369920	670	1156	717	0.066	600	30
...	...	...	...	...	...	...	...
169	25460	800	67	78	0.066	600	30
170	86400	680	216	159	0.066	600	30

数据来源：作者于 2010 年的调查数据。

表 4.4 中，苗族生产成本效率与配置效率模型中的投入变量增加

了投入要素的价格变量，即苗族农业生产投入要素物质资本、耕地面积和劳动力的价格变量，其中耕地价格与劳动力价格，本书采用在苗族当地一般常用评价指标。在当地农村，苗族耕地的年租金为 600 元每亩每年，这个价格相当于每亩耕地种植出的粮食交换之后得到的收入水平。劳动力价格为每天收入 30 元。资本价格我们采用 2010 年的贷款年利率 6.6%。采用 Deap2.1 软件进行估计。

表 4.5　　　　　　　　CRS 成本效率与配置效率

生产单元（村）	技术效率（te）	配置效率（ae）	成本效率（ce）
1	0.643	0.930	0.598
2	0.946	0.587	0.555
…	…	…	…
…	…	…	…
169	0.617	0.922	0.569
170	0.761	0.803	0.611
mean	0.687	0.773	0.526

在规模报酬不变与规模报酬可变两种假设条件下，通过模型估计，分别得到表 4.5 与表 4.6 的报告。两种假设下的估计结果是有差异的，技术效率的平均值分别为 0.687 与 0.846，可见，规模报酬可变假设的技术效率值较高。配置效率与成本效率的平均值分别为 0.773、0.694 和 0.526、0.587。规模报酬不变假设下的要素配置更有效率，而 VRS 条件下，当产量不变时，其投入的成本是最低的。

表 4.6　　　　　　　　VRS 成本效率与配置效率

生产单元（村）	技术效率（te）	配置效率（ae）	成本效率（ce）
1	0.712	0.851	0.606
2	0.962	0.682	0.656
…	…	…	…
…	…	…	…

生产单元（村）	技术效率（te）	配置效率（ae）	成本效率（ce）
169	0.700	0.853	0.596
170	0.792	0.785	0.622
mean	0.846	0.694	0.587

另外，规模报酬不变，成本效率与配置效率模型的技术效率均值与 CRS 投入导向技术效率模型的技术效率是一致的。由此，将采用 VRS 成本效率与配置效率模型作为苗族农业生产效率的评价模型。采用 VRS 成本效率与配置效率模型更加适宜于苗族的农业生产情况，能更准确地解释与评价苗族农业生产效率的绩效水平。同时规模报酬可变假设，更客观地描述投入与产出之间的变动关系，也更接近于现实情况。

表4.7 苗族农业生产要素优化前的水平统计描述

	描述统计				
	N	最小值	最大值	均值	标准差
劳动力	170	9	717	121.87	128.71
耕地	170	9	1156	148.28	158.16
资本	170	250	1400	631.53	283.17
Valid	170				

数据来源：作者于 2010 年的调查数据。

通过将表4.7与表4.8进行比较（当前投入水平与优化之后的目标比较），苗族农业生产投入要素资本，当前的投入平均水平为631.53，经优化之后，资本的平均投入提高到866.408。说明在当前苗族的农业生产中，在相同产量的条件下，资本的投入不足，需要增加资本投入234.878；当前的耕地平均水平是148.28，优化投入之后，目标投入减少到80.643，需要减少68.637的耕地投入；劳动力为121.87，优化之后增加到123.963，目标投入增加数量为2.093。

表 4.8 苗族农业成本效率与配置效率投入目标水平统计描述

	描述统计				
	N	最小值	最大值	均值	标准差
K	170	45.50	5844.63	866.40	985.80
U	170	4.24	544.00	80.64	91.76
L	170	6.51	836.23	123.96	141.01
Valid N	170				

表 4.9 中，170 个样本中，技术效率最优的有 21 个，配置效率有 7 个，成本效率有 7 个达到最优水平，最低的技术效率、配置效率与成本效率分别是 0.66、0.32 和 0.31，平均水平分别为 0.845、0.694 和 0.586。可以看到，170 个苗族村的农业生产成本效率平均水平仅为 0.586，成本效率与配置效率水平都很低。说明苗族的农业生产不能有效组织与配置农业投入要素，这也是苗族农业产出水平较低的原因之一。

表 4.9 成本效率统计描述

	描述统计				
	N	最小值	最大值	均值	标准差
te	170	0.66	1.00	0.845	0.096
ae	170	0.32	1.00	0.694	0.168
ce	170	0.31	1.00	0.586	0.165
Valid N	170				

3. VRS DEA 规模效率估计

规模效率是指产出的增长比例高于投入要素按同一比例增长的比例，即规模经济，反之则规模不经济。在规模报酬大于 1 的条件下，大规模的生产要素投入的增长将导致较高的产量增长，从而有利于提高整体生产力。

一个生产决策单元既满足技术有效率，又实现了配置有效率，但其生产规模却不一定处于最优状态。其次，假定该生产决策单元采用规模报酬可变（VRS）技术，如果生产规模过小，那么生产将运营于生产函数的规模报酬递增（IRS）区域。类似地，规模过大，则生产运营于生产规模报酬递减（DRS）阶段。这两种情形下，如果生产效率不是最佳的，那么生产决策单元通过改变生产规模可以提高生产效率，即在投入组合保持不变的条件下，改变生产规模提高生产效率。如果潜在生产技术整体上是规模报酬不变（CRS）技术，那么该生产决策单元处于规模有效率的情形。当生产决策单元不能够通过改变其运作规模达到更有生产能力时，称之为运营于最大生产能力规模（Most Productive Scale Size，MPSS）上，或运营于技术最优生产能力规模（Technically Optimal Productive Scale，TOPS）上。

表4.10   VRS 规模效率估计结果

生产单元（村）	综合效率（crste）	纯技术效率（vrste）	规模效率（scale）	规模报酬水平
1	0.643	0.712	0.902	irs
2	0.946	0.962	0.983	irs
3	1.000	1.000	1.000	—
…	…	…	…	
169	0.617	0.700	0.882	irs
170	0.761	0.792	0.961	irs
Mean	0.687	0.846	0.811	—

通过对170个生产决策单元的VRS规模效率模型进行估计，估计报告见表4.10。其中，综合效率等于纯技术效率与规模效率的乘积：综合效率＝纯技术效率×规模效率。从表4.10可以看到，编号3的苗族村，其农业生产技术效率是完全有效率的。

$$综合效率 = 纯技术效率 = 规模效率 = 1 \quad\quad (4-34)$$

170个苗族村中有8个村的农业生产技术效率处于最佳的生产前沿面上，综合效率、纯技术效率与规模效率都达到了最优水平。在

VRS 规模效率模型中，同时给出每一个生产决策单元在这一时期的生产规模状况，即该生产决策单元是处于规模收益递减还是规模收益递增阶段。170 个苗族村中只有三个苗族村的生产规模处于规模收益递减时期，即增加要素量的投入，产出的增长小于投入量的增长甚或产量完全没有增长。其余 159 个苗族村的生产运营于规模收益递增阶段，即如果增加生产要素的投入，农业产量的增长要大于要素投入量的增长，在这种情形下，增加要素投入量可以提高农业的潜在产量。

表 4.11　　　　　　　　　　VSR 规模效率统计描述

	描述统计			
	N	最小值	最大值	均值	标准差
综合效率	170	0.31	1.00	0.687	0.181
纯技术效率	170	0.66	1.00	0.845	0.096
规模效率	170	0.32	1.00	0.811	0.174
Valid N	170				

表 4.12　　　　　苗族农业规模效率目标投入水平统计描述

	描述统计			
	N	最小值	最大值	均值	标准差
K	170	250.00	1300.00	527.58	248.93
U	170	9.00	1156.00	128.52	151.18
L	170	9.00	717.00	102.62	120.84
Valid N	170				

　　这一结论符合当前苗族农业的生产情况。苗族农业的生产方式依然是传统的农耕方式，主要依靠人力、畜力、物力、气候以及耕地本身的肥沃程度来决定农业的产量水平。

　　表 4.12 是 170 个苗族村农业规模效率目标投入水平统计描述，通过与表 4.7 的比较（当前投入水平与优化之后的目标比较）。苗族农业生产投入要素资本，当前的投入平均水平为 631.53，资本的规

模效率目标投入水平，平均投入减少到 527.581。说明在当前苗族的农业生产中，产量不变的条件下，资本的投入量过多，需要减少资本投入为 103.949；当前的耕地平均水平是 148.28，规模效率的目标投入为 128.525，需要减少耕地投入为 19.755；劳动力为 121.87，规模效率的目标劳动力投入为 102.628；劳动力减少投入为 19.242。

农业技术不发达是制约苗族农业可持续发展的一个关键因素。当代世界农业科学技术突飞猛进，尤其是现代生物技术、信息技术等高新技术的重大突破及其在农业中的广泛应用，正推动着新的农业革命，使现代农业呈现出全方位突破和多领域拓展的发展趋势，由传统的动植物生产向微生物生产、由陆地向海洋与空间、由农田向工厂车间与无土栽培、由农业生产向农产品经营与加工、由初级农产品生产向保健食品与医药新兴产业等扩展。一些发达国家已经将生物技术、信息技术、网络数字技术、等高新技术广泛应用于农业领域，使农业发生了质的飞跃。苗族作为一个传统的农业民族，具有精耕细作的优良传统，但在现代农业科技方面总体上还显得十分落后，农业劳动生产率较低，基本上还处于自然半自然的粗放经营农业阶段。由于历史、环境等因素，苗族目前农业技术总体水平比较落后，导致苗族的农业劳动生产率、农业经营管理水平、农业经济效益、资源利用率、农产品质量、农作物单产和农民收入等较低，同时也带来了农村产业结构不合理、农业劳动者科技素质低、农业卫生与质量标准不高，以及严重的农业生态环境问题等。

第四节　基于随机生产前沿（SFA）的苗族农业技术效率评价

随机前沿分析方法（Stochastic Frontier Approach，SFA）由 Lovell and Schmidt（1977）和 van den Broeck（1977）等分别提出。早期随机生产前沿的设计，主要是应用于截面数据。其主要方法是确定一个具体的前沿生产函数用以描述生产前沿面，并利用现代计量方法，估计出随机生产前沿模型中的参数，求出技术效率，从而构造前沿生产函数。技术效率可以用实际产出与潜在产出之比来表示。

随机前沿方法，其发展经历了两个阶段：一是确定性前沿面。确定性前沿面①是固定的，并假定存在上界生产函数，可控因素与随机因素共同影响产出，这些因素包括统计误差、政策变动和气候等，这些因素的影响，可以用以评价技术非效率。二是现在的随机性前沿面。随机性前沿面则将前沿面视作随机变化的，是由可控因素与不可控的随机因素共同作用对前沿面产生影响，误差项是由技术非效率项和随机误差项两个随机变量组成的复合误差项，该前沿面考虑到了随机因素冲击，因此，能够较好地评价技术效率受到各种外生性因素影响，是分析技术效率源泉的可行方法。随机生产前沿方法也称之为参数法，其最大优点是具备经济理论基础，为实现对具体生产过程的描述，可以采用计量方法估计生产函数。②

一　理论框架分析及模型选择

在农业生产效率测算，农业全要素生产效率的研究中，常用到两种生产函数：一是柯布－道格拉斯（Cobb-Douglas）生产函数；二是超越对数（Translog）生产函数。下面将对这两种生产函数作简要讨论，并根据苗族农业生产的特定环境选择适宜的生产函数进行实证分析。

1. 两种生产前沿理论模型的讨论

（1）柯布－道格拉斯生产前沿。柯布－道格拉斯生产前沿首先由艾格纳和朱（Aigner and Chu，1968）应用于数据包络分析（DEA）方法中，其模型如下：

$$\ln q_i = x_i{}' \beta - u_i \quad i = 1, 2, \cdots, I \qquad (4-35)$$

其中 q_i 代表第 i 个生产决策单元的产出，x_i 表示 $K \times 1$ 维的投入向量，β 是未知参数向量，u_i 是非负随机变量。模型未知参数的估计方法

---

① 参数型确定性前沿面对生产前沿面的估计除了计量经济学统计方法以外，也广泛采用线性规划方法来求解。

② 生产前沿面，其重要特点是在于生产前沿面是确定的（deterministic），而没有考虑到随机扰动因素的影响冲击。

有。艾格纳和朱采用线性规划方法，弗里阿特（Afriat，1972）假设 u_i 为服从伽玛（Gmma）分布，采用最大似然法估计未参数，而理查蒙德（Richmond）则采用修正普通最小二乘法（Modified Ordinary Least Squares，MOLS）。

在此之后，Aigner，Lovell and Schmidt（1977）和 Messusen and Van Den Broeck（1977）提出如下随机前沿模型：

$$\ln q_i x_i = x_i{}'\beta + v_i - u_i \qquad (4-36)$$

式（4-25）与式（4-25）比较，增加了表示统计噪声的随机误差项 v_i，除此之外，该模型与模型（4-24）是相同的。统计噪声来源于两方面：一是所忽略的与 x_i 相关变量的影响；二是来自所选择函数形式以及测量误差带来的干扰。由于模型中产出值以随机变量 $\exp(x_i{}'\beta + v_i)$ 为上限，所以，式（4-25）被定义为随机生产前沿模型。随机误差 v_i 既可以为正亦可以为负，因此，随机前沿产出以确定部分 $\exp(x_i{}'\beta)$ 为基准而变动。随机生产前沿模型的一些重要特征通过图4.6来阐明。

考虑投入为 x_i，产出为 q_i 的生产决策单元。则柯布-道格拉斯随机前沿模型可表示为：

$$\ln q_i = \beta_0 + \beta_1 \ln x_i + v_i - u_i \qquad (4-37)$$

$$q_i = \exp(\beta_0 + \beta_1 \ln x_i + v_i - u_i) \qquad (4-38)$$

$$q_i = \underbrace{\exp(\beta_0 + \beta_1 \ln x_i)}_{\text{确定部分}} \times \underbrace{\exp(v_i)}_{\text{噪声}} \times \underbrace{\exp(-u_i)}_{\text{无效性}} \qquad (4-39)$$

（2）超越对数生产函数（Traps-Log Function）。超越对数生产函数（Traps-Log Function）是一种易于估计的变弹性生产函数，其在结构上属于平方反应面（Quadratic Rurface），可以很好地描述生产中各投入要素的相互影响，各种投入要素技术进步的差异及技术进步随时间变化等问题，其形式如下：

$$\ln Y_{it} = \beta_0 + \sum_j \beta_j \ln x_{ijt} + \beta_t t + 1/2 \left(\sum_j \sum_k \beta_{jk} \ln x_{ijk} \ln x_{ikt} + \beta_{tt} t^2 \right) +$$

$$\sum_j \beta_{jt} \ln x_{ijt} + \varepsilon_{it} \quad t = (1, 2, \cdots, T) \qquad (4-40)$$

$$j = (1, 2, \cdots, m)$$

$$k = (1,2,\cdots,K)$$

其中，$\ln Y_{it}$ 代表 i 个生产单元，第 t 年的对数产出，$\ln x_{ijt}$、$\ln x_{ijk}$ 是第 i 个生产单元，第 t 年第 k 种投入要素的对数形式。

2. 模型的选择与具体设定

选择适宜的生产函数形式，是研究农业技术效率的关键问题。当前，在农业生产技术效率的研究中，最常用的两种生产函数是：柯布－道格拉斯（Cobb-Douglas）生产函数形式，以及超越对数生产函数（Traps-Log Function）形式。超越对数（Translog）生产函数，具有较强包容性的特点，可以看作任何生产函数的二次泰勒近似，还可以退化为 C－D 生产函数，并考虑到技术进步是否中性、弹性的时变性等，在现实中具有较大的普适性。但其不足是参数过多，导致自由度不足，以及多重共线性等问题，参数估计的精确度受到影响。目前，在农业生产效率的研究中，大部分采用了经典的 Cobb-Douglas 随机生产前沿。如 Zhang and Carter（1997），乔秦（2006）等[1]。

诸多的研究表明，Cobb-Douglas 函数可以很好地拟合与描述农业生产前沿问题，具有简洁性、易于分解等特点。故本书采用柯布－道格拉斯随机生产前沿模型对苗族农业生产效率进行测算。根据式（4－37），本书设计出苗族农业生产效率估计的道格拉斯随机前沿模型如下：

$$\ln Y_i = \beta_0 + \beta_1 \ln K_i + \beta_2 \ln U_i + \beta_3 \ln L_i + (v_i - u_i) \qquad (4-41)$$

$$i = (1,2,\cdots,170)$$

$$v_i \sim iidN(0,\sigma_v^2)$$

$$u \sim iidN^*(0,\sigma_u^2)$$

其中 Y_i 是第 i 个苗族村的农业产出水平，K_i、U_i 和 L_i 分别代表苗族农业投入要素物质资本、耕地面积与劳动力。v_i 是独立同分布的正态随机变量，其均值为 0 且方差为 σ_v^2。u_i 是独立同分布的半正态随机变量，其中尺度参数为 σ_u^2，即每个 u_i，其概率密度函数（pdf）均值

---

[1] 李谷成：《基于转型视角的中国农业生产率研究》，华中农业大学博士学位论文 2008 年，第 66 页。

为零，方差为 σ_u^2 的正态概率密度函数。

对这一正态模型的对数似然函数按照 $\sigma^2 = \sigma_v^2 + \sigma_u^2$，$\lambda^2 = \sigma_v^2/\sigma_u^2$ 进行参数化。如果 $\lambda = 0$，则所有相对于前沿的偏离来自噪声的影响，不存在技术无效效应。如果 λ 接近于1，说明采用这一模型是适宜的。

二 模型估计

模型估计所采用的数据、变量定义与4.3节相同。下面通过将原始数据对数化之后输入模型，见表4.13。通过将原始数据对数化目的是为了满足式（4-41）的要求，即满足道格拉斯随机生产前沿模型的要求。表4.13中，时间为一期，是因为所采用的数据为截面数据。该模型采用一种产出，资本、土地和劳动等三种投入要素构成的模型，用于评价三种投入要素在苗族农业生产中的贡献能力。模型采用FRONTIER 4.1软件进行估计，得到随机前沿模型参数的最大似然估计值。这些估计结果报告于表4.14中。每个估计值的渐近标准差已列出。表中数据是最大似然估计值，是对OLS估计的修正均值。

表4.13　　　　　　　　SFA估计对数函数模型

生产单元（村）	时期	Y	K	U	L
1	1	4.699	2.991	2.097	2.176
2	1	5.219	2.799	2.662	2.411
3	1	5.067	2.663	3.062	2.855
…	…	…	…	…	…
169	1	4.406	2.903	1.826	1.892
170	1	4.936	2.934	2.334	2.201

三 模型假设检验

随机前沿模型中的合成误差不是正态分布。因此，对于小样本 t 检验和F检验不再恰当，这些检验也只是渐近合理。但在大样本条件下依然可以对模型未知参数进行 t 检验和F检验是适宜的。由于本书所采用的数据为大样本数据。因此，我们将对模型参数 β 进行 t 检验，除了对 β 的假设进行检验之外，随机前沿常常也对无效效应是否存在进行检验。在采用最大似然法来估计模型条件下，可以用 z 检验对 μ_i 进行检验。

表4.14　　　　　随机前沿（SFA）模型最大似然估计报告

参数	参数值	标准差	t 统计量
β_0	1.874	0.228	8.20
β_1	0.624	0.023	26.76
β_2	0.939	0.026	35.74
β_3	0.057	0.028	2.05
σ^2	0.010	0.004	2.58
γ	0.008	0.482	0.018
对数似然值	0.148		

1. z 检验

z 检验是由艾络纳、洛夫尔和施密特（1977）所提出的假设检验方法，其思想是将 λ 参数化，并提出零假设 $H_0:\lambda = 0$ 和备选假设 $H_0:\lambda \neq 0$ 。该检验统计量为：

$$z = \tilde{\lambda}/se(\tilde{\lambda}) \sim N(0,1) \qquad (4-42)$$

其中 $\tilde{\lambda}$ 表示 λ 的 ML 估计，而 $se(\tilde{\lambda})$ 表示其标准差的估计。

根据 frontier4.1 估计给出的参数报告，得出 $\lambda = 2.19$ ，$z=2.19/0.47=4.659$，大于临界值 $z_{0.05} = 1.645$ ，所以在5%的显著水平上，拒绝没有无效效应的零假设。说明不拒绝模型的适宜性（5%的显著水平上），亦即模型的设计是适宜的。

2. t 检验

如果误差是正态分布的，或者如果样本量很大，那么利用 t 检验对关于单个系数的假设来进行检验。设 β_k 表示向量 β 的第 t 个元素，设 c 表示已知常数。为了对原假设 $H_0:\beta_k = c$ 对应备择假设 $H_1:\beta_k \neq c$ 进行检验，可以使用检验统计量：

$$t = \frac{b_k - c}{se(b_k)} \sim t(I - K) \qquad (4-43)$$

其中 b_k 是关于 β_k 的估计量，$se(b_k)$ 表示其标准误差的估计量。如果该检验统计量的绝对值大于其临界值 $t_{1-a/2}(I-K)$，那么在 $100a\%$ 显著性水平上拒绝 H_0。如果可选择的假设是 $H_0:\beta_k = c$，那么当 t 统计量小于 $t_a(I-K)$ 时就拒绝 H_0，如果可选择的假是 $H_1:\beta_k \neq c$，那么当 t 统计量大于 $t_a(I-K)$ 时我们就拒绝 H_0。

下面给出关于模型参数的 t 统计量假设检验结果：

表 4.15 假设检验结果

零假设 HO	t 统计量	临界值	检验结论
HO：$\beta_1 = 0$	2.902	1.645	拒绝 HO
HO：$\beta_2 = 0$	3.786	1.645	拒绝 HO
HO：$\beta_3 = 0$	2.183	1.645	拒绝 HO

根据表 4.15 中，三个 t 统计量的值大于临界值，我们拒绝零假设 $H_0:\beta_i = 0$（5% 的显著水平上），说明模型的参数估计值是显著的。

四 估计结果解读

通过估计得到模型的参数值，见表 4.14，对数似然值为 0.148，其绝对值较小，说明模型对数据的拟合较好。同时，对模型的参数 β，进行假设检验，以及对模型进行无效效率 z 检验，检验结果说明模型的设计是适宜苗族农业生产情况的，也表明这一模型对苗族农业情况的调查数据拟合较好。其中 $\gamma = 0.008$，说明模型的随机扰动项主要由生产非效率引起（解释），即误差主要来源于 u_i，因此采用随机前沿模型是适宜的。

1. 苗族农业生产要素的边际生产率分析

在表 4.14 的估计结果中，苗族农业的物质资本、耕地和劳动的弹性系数分别为 0.624、0.939 和 0.0573。在其他投入要素不变的情况下，资本的边际生产率为 62.4%，即投入一单位资本对农业产出量增长为 62.4%。耕地与劳动的边际生产率别为 93.9% 和 5.73%。三种投入要素当中，耕地对苗族农业产出的边际生产能力最大，达到 93.9%，而资本与劳动的边际生产率相对较低。这一结论与经验认识的苗族的农业生产情况是非常相符的。苗族居住的环境恶劣，农业生产技术比较落后，刀耕火种的现象仍有存在。苗族农业产量的增长主要依靠开垦荒地、林地等扩大粮食种植面积以换取更多的产量解决温饱，维持生计。资本的贡献水平较低，这与苗族历史上不断的大迁徙难以积累资本，以及苗族当前的落后和贫困现象是相符的。说明了苗族传统农业生产方式的落后与低效率现象。劳动对产出的贡献最小，只有 5.73%。这与苗族自身不重视教育、人口文化素低、人力资本存量小有显著的因果关系。

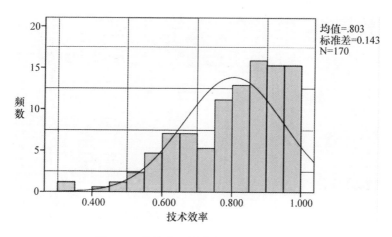

图 4.8　苗族农业技术效率分布统计图

2. 苗族农业生产技术效率评价

通过模型估计，得到基于随机生产前沿模型的苗族农业生产技术效率水平，见表 4.16。170 个苗族村中，没有一个村的技术效率达到最优，处于最佳的生产前沿面上。从理论上来说，全部 170 个苗族村样本的技术效率为无效率水平。最高的技术效率为 0.99，最低的技术效率水平为 0.31，平均技术效率为 0.8028。

表4.16　　　　　　　　　　苗族农业技术效率统计描述

	描述统计				
	N	最小值	最大值	均值	标准差
Te	170	0.31	0.99	0.80	0.14
Valid N	170				

图 4.8 中 170 个苗族村农业生产技术效率水平集中分布于 0.65 到 0.95 区间，尽管理论上来说，170 个样本的农业技术效率全部为无效率。170 个苗族村的平均技术效率为 0.8028。而基于 DEA 方法，在 VSR 条件下估计的农业平均技术效率为 0.846。将 SFA 方法与 DEA 方法对 170 个苗族村农业生产技术效率的估计结果进行比较，SFA 的技术效率低于 DEA 的技术效率，但估计结果也较为相近。

第五章 苗族农业人力资本 实证研究

本章将单独研究苗族人力资本在苗族农业生产部门中的作用及意义。在第四章分析的基础上，通过把人力资本变量作为投入变量加入到苗族农业生产模型中，以苗族农业劳动力的平均教育年限作为度量人力资本的指标。首先对人力资本理论及其演进作一些讨论，其次通过作者于 2010 年对苗族农业部门的调查数据，进行人力资本现状的统计性描述分析与评价。最后采用柯布－道格拉斯前沿生产模型对苗族人力资本进行实证分析。通过模型估计，主要考察人力资本在苗族农业部门中的边际生产效率。

第一节 人力资本理论的演进与发展

早在二三百年前，关于人力资本思想，许多经济学家已作了初步阐述。直到 20 世纪 30 年代，人力资本理论的原型逐渐清晰。在此期间，从威廉·配第、亚当·斯密到 L. 杜布林、A. J. 洛特卡等经济学家和统计学家，都曾对人力资本理论进行过研究，这些研究主要有以下六个方面：人的经济价值；人力资本概念；人力资本投资；人力资本投资收益；人力资本与收入差别关系；人力资本和生命周期的关系等。

人力资本理论作为标准资本理论在一些经济现象中的应用而存在，并为新古典研究框架提供了一个新的研究视野。人力资本理论的主要内容包括以下几方面：第一，人力资源在人类当前所利用的一切资源中，已经成为最重要的资源，因而人力资本理论逐渐在经济理论体系中，成为经济学的核心问题受到重视；第二，在经济增长中，人力资本已成为经济增长的核心驱动要素，与国民收入是成正比的，人力资本逐渐成为经济增长的主要源泉，并且其增长的速度已经超过物质资本的增长；第三，提高人口质量和素质，提升人本身的知识和能力的存量，已成为人力资本的核心问题，将人力资本的再生产视为一种投资而并非是一种消费。从经济效益来看，人力资本投资的经济效益要比物质投资带来的经济效益显著；第四，教育已成为人力资本投资的主要方式。作为生产要素之一的人力资源，以技术知识程度的不同，可以划分成不同的类型。通常情况下，高技术知识程度的人力资源，其产生的经济效益，将远远超过技术知识程度低的人力资源。

一 人力资本理论渊源

现代人力资本理论问世至今近 50 余年。但早在 17 世纪之前，从威廉·配第、亚当·斯密到李斯特、马歇尔和庇古等著名的经济学家已对人力资本理论做出过精辟和深入的论述。下面列出具有代表性的主要思想。

1. 威廉·配第——"人口货币价值"论

威廉·配第（1976），英国著名的古典政治经济学家，在其著作《政治算术》中提出著名论点："土地是财富之母，劳动是财富之父"，根据对劳动价值理论的研究，他提出劳动决定价值的重要思想，从而为劳动价值论奠定了基础。他主张和强调人的经济价值。在分析劳动创造价值的论述中，他把体现在人身上的知识、能力和技艺等，列为除了劳动、资本和土地之外的第四种同样能创造经济价值的关键要素。他还强调具有"技艺"的人与没有"技艺"的人，在劳动过程中所创造的经济价值，前者要比后者大得多。他还进一步对经济价值的源泉展开了论述：从成本方面来说，形成各种能力和技艺需要投入。从收益来说，人力资本投资所形成的各种能力和技艺又能带来经济收入或创造出可观的经济价值。但在实际的生活中，如战争、瘟疫和迁徙等一些不可控因素，会导致人口死亡，人口总量下降，从而造成经济损失，他还采用"成本法"进一步对英国人口进行测算来评估这种经济损失。由此得出的结果是，在 1965 年英国人的货币价值为 400 美元。[①]

2. 亚当·斯密——"固定资本"

斯密在著作《国民财富的性质和原因的研究》（1776）中，将人力视为一种资本，是一种具有生产性的固定资本。他敏锐地洞察到人的知识、技艺以及经验具有类似于固定资本的功能，对社会生产产生促进作用。他还指出："学习是获取知识的重要途径，在这一过程中，要通过教育、培训和做学徒等获得知识、技艺与经验。这一过程所支出的费用，可以视作固定于学习者身上的一种特殊资本。就个人来说，通过人力资本投资，获得的技术和能力构成了个人财产的一部分，对于个人所属的社会，个人的技术和能力也是社会财产的一个有机组成部分。工作也是一种学习，这种学习不仅增进了工人的技能，而且使这种技能更加熟练地运用于生产中，因此，工人的技能和能力可以等同于诸如机器和工具等具有相同生产功能的资本，同属于社会的固定资本。"舒尔茨指出："亚当·斯密关于全民获得的有用能力，大胆地做出阐释，并将其视作社会资本的有机组成部分的重要思想，奠定了人力资本作为重要生产要素进入生产领域的基础。"[②]

此外，斯密在肯定劳动创造价值的基础上，进一步强调劳动作为生产要素之一，在各种投入要素资源中，具有举足轻重的地位。并明确指出劳动能力与产出水平受到劳动技巧熟练程度的制约，因此，要提高劳动技能的熟练程度，以促进产出的增长。提高劳动技能的熟练程度的主要途径是教育、培训等，接受教育和培训需要个人支付学费和花费时间。斯密进一步阐明接受教育与培训的投资差异，所获得的报酬也不相同，原因在于不同种类职业的有关学习时间和费用不同。

---

① ［英］威廉·配第：《政治算术》，马妍译，中国社会科学出版社 2010 年版，第 4 页。

② ［美］西奥多·W. 舒尔茨：《论人力资本投资》，吴珠华等译，北京经济学院出版社 1990 年版，第 76—80 页。

对于精巧技艺的学习，所耗费时间更长，费用也更高，例如画家、雕刻家、律师和医生等职业，其学习时间长，投入大，但其报酬也很高，这与社会现实是基本相符的。斯密的这些阐述形成了关于人力资本投资思想的雏形。①

3. 弗里德里希·李斯特——"精神资本"

弗里德里希·李斯特，是德国历史学派的先驱，在《政治经济学的国民体系》（1885）中，就人力资本投资对两个不同家庭进行比较研究。首先假设一个家庭有五个儿子，并且全部工作，把工作所获得全部收入存入银行。而另外一个家庭也有五个孩子，家庭收入主要来自父母工作所得，将父母工作所得收入，用于对五个孩子进行教育投资。通过将两个家庭的收入和人力资本投资进行比较后他认为，短期而言，第一个家庭的收入明显高于第二个家庭，就长期来看，第二个家庭的收入要大大超过第一个家庭收入。李斯特就此提出：体现在人身上的知识和技能足以创造生产力的重要论断，用人力资本理论的语言来表述，即人力资本是经济增长的主要驱动性因素。他在之后的阐述中，提出："古典学派简单地将体力劳动者视为同质的，把诸如牛顿、瓦特和开普勒此类型的人，其生产力等同于一头驴、一匹马的生产力，甚或还不及。"② 于是，李斯特提出了其著名的精神资本的概念，即精神资本主要源自知识、能力和经验等方面成果的积累。人类发展至今的一切成就，是建立在我们几百年前——人类的一切发现、发明、创造基础之上的，随着人类社会发展而不断积累，建立在一代代前辈们努力基础之上的这些知识和经验，就是我们现代人类所具有的宝贵的精神资本。当前人类生产力的发展与推进无不是建立在前人这些成就之上。并在这一基础上进一步创造、改进和创新，从而形成更丰富、更具经济价值的精神资本，继而为人类经济社会的全面发展提供助推力量。故此，精神资本的作用不容忽视。当前各国越来越意

① ［英］亚当·斯密：《国民财富的性质和原因的研究》，郭大力等译，商务印书馆1972年版，第153页。

② ［德］李斯特：《政治经济学的国民体系》，陈万煦译，华夏出版社1961年版，第271—272页。

识到人力资本在经济增长中的重要意义，智力上的积累受各国关注和重视，于是教师理应属于生产者之一，国家应加强后一代教育的财政投入，为国家未来生产力的发展储备与积累智力。

4. 阿尔弗雷德·马歇尔——人力资本的矛盾

阿尔弗雷德·马歇尔，是古典经济学的集大成者，于当时的人力资本问题，他持有一种矛盾的观点：在肯定教育所带来的经济效益的同时，却不接受人力资本在生产中所具有的其他重要功能和作用。他在著作《经济学原理》中指出："教育作为国家的投资问题，如果仅仅看作是一种投资，使大多数接受教育者在有限资源的约束情况下拥有更多的机会，这样对整个国家以及社会来说也是有利的。……一个伟大天才，其创造的经济价值可以与整个城市的教育支出相匹配。比如白赛麦的发明，那样对人类社会的贡献，是新思想的创造，为有效地推动当时英国生产力的发展起到了巨大作用，可以这么说，这一发明的作用和意义，在当时英国生产力中，可以匹敌十万人的劳动所创造的经济价值。"马歇尔同时主张，由另外一个层面来看，对人力资本投资，也是获取社会物质财富的重要途径。他指出："即使作为普通工人，良好的教育也将为其带来可观的间接经济利益。……人力资本构成了物质财富生产过程中不可或缺的重要因素。尽管教育投资被视作是为了本身的目的，但它不比创造与生产物质财富所需的其他要素的作用更为低劣。"①

二　现代人力资本理论

20 世纪 50 年代末 60 年代初，现代人力资本理论逐渐形成。人力资本理论的产生，正如其他理论一样，有其特定的背景。它是人类生产力发展到一定阶段的必然产物。在当时生产力的发展研究中，人力资本积累被视作与经济发展密切相关。而在经济增长理论的研究中，人力资本与其他生产要素如土地、劳动与物质资本等具有同等重要作

---

① ［英］马歇尔：《经济学原理》上卷，朱志泰等译，商务印书馆 1987 年版，第 167—169 页。

用，也是经济增长的重要源泉和影响要素之一，人力资本的作用和意义甚至已经远远超过了其他投入要素。现代人力资本理论研究，较具有代表性经济学家的理论大致概括如下。

1. 西奥多·W. 舒尔茨（T. W. Shultz）的人力资本理论

西奥多·W. 舒尔茨（T. W. Shultz）（1960）在美国经济学会年会上，发表了《人力资本投资》这一著名演说，对人力资本投资进行了较系统的阐述，他指出：传统理论认为物质资本和劳动力数量是经济增长源泉，这一观点存在一定缺陷。他将个人的知识和能力视作一种特殊的资本，而这种资本是经济增长的重要源泉之一。初等教育、中等教育和高等教育等全日制教育与成人教育、在职培训、人口流动、健康保健等方面的投资，可以视为一种无形资本，可以增加一国资本存量从而加速经济发展。舒尔茨首次系统全面地阐述人力资本投资理论，促进人力资本相关理论的发展。舒尔茨由此被誉为"人力资本之父"。他关于人力资本理论的思想，主要体现在以下三个方面。

其一，人力资本作为一种生产要素在经济增长中的地位和作用。舒尔茨明确界定资本的两种类型：物质资本和人力资本。各国学者一直在探索经济增长的源泉，但仅从土地、资本和自然资源等要素，解释经济增长，是不够全面的。他强调经济增长的重要源泉之一来自人力资本。一个国家的人力资源质量和人力资本存量水平，决定着其人均产出水平，即决定劳动生产效率水平。诸多学者采用人力资本在全要素生产率增长中的决定作用以及对人力资本如何促进经济增长进行研究。基于人力资本是驱动经济增长重要因素，舒尔茨主张在经济学的研究中，人力资本是核心的研究问题，并拓展了资本的概念。资本应包括有形的物质资本以及无形的人力资本两种形态。

其二，人力资本投资研究。他认为体现在人身上的才能、技艺、经验等，不是全都与生俱来，有很大一部分的个人能力必须通过投资性质的活动，以实现人力资本投资的形成，如正规教育、职业教育、工作培训等。人力资本投资的目的是为了获得能力，其实质是把货币资本转化为人的知识、技艺和能力等形态。舒尔茨将投资的费用划分成三个部分：第一，医疗和保健。医疗和保健涉及影响人的健康程度、寿命等。美国的经济学家沃尔什（Walsh，JohnR）对个人教育投资支出与收益之间的关系进行了研究，其主要思想体现在他的《人力资本观》（1935）一书中，他研究旨在阐述教育的经济效益。其内容包括：为维持人的基本生存所支出的费用；在职培训、学徒制、正式的初等、中等和高等教育等；各类成年人学习和培训项目，专门针对成年人的一种人力资本投资形式，如农业技术推广项目；因为工作改变，个人和家庭进行的地域上的迁移。第二，放弃的收入。用经济学语言来表述就是机会成本，指的是在进行人力资本投资放弃的工作机会，这一机会也带来收益。放弃的这种收入，其实质是人力资本投资的一种成本。第三，进行人力资本所需要投入的物质资本的价值。如进行教育所需要的建筑，土地等。

其三，人力资本投资的收益研究。进行人力资本投资的目的是希望通过教育、培训等途径获得知识、技艺和能力，进一步地通过学习到这些技能去创造经济效益。舒尔茨测算了美国 1929—1957 年教育投资对经济增长的贡献，结果显示：各层次教育投资的平均收益率为 17%；在劳动收入增长中，教育投资增长的收益占 70%；在国民收入增长中，教育投资增长的收益占 33%。通过定量分析论证得出，人力资本投资对经济增长具有重要的促进作用，对经济增长的贡献水平高，并且投资的收益回报率高。[①]

舒尔茨第一次系统地阐述了人力资本投资理论，探讨了人力资本的形成途径，同时采用定量分析的方法论证和剖析教育投资的收益率，同时还论证了教育在经济增长中的重要作用，揭示了经济增长的主要源泉来自人力资本。为人力资本理论的发展做出了重要贡献。

2. 贝克尔的人力资本理论

加里·S. 贝克尔（Gary S. Becker）是现代经济学界最具有远见的学者之一。其著作《生育率的经济分析》（1960）、《人力资本》（1964）和《家庭论》（1981）集中体现了其人力资本理论思想。其

---

① ［美］西奥多·W. 舒尔茨：《论人力资本投资》，吴珠华等译，北京经济学院出版社 1990 年版，第 55 页。

中《人力资本》被誉为"经济思想中人力资本投资革命"的起点。贝克尔对人力资本的研究主要从微观经济的视角进行，这与舒尔茨对人力资本的研究，可视作宏观经济分析的观点有着很大的不同。在《生育率的经济分析》的著作中，他阐述了家庭生育的经济决策、成本与效用等问题，并提出一些有关人力资本的新概念：家庭教育的直接成本与间接成本，家庭中的市场活动和非市场活动，家庭时间价值与时间配置等。贝克尔在《人力资本》一书中，进一步对人力资本形成途径、方式进行阐述，例如对正规教育和在职培训的收支问题，并对其他人力资本的投资方式进行了论述，贝克尔指出教育与培训是形成人力资本的主要途径。贝克尔的人力资本理论具有重要开拓意义，丰富了人力资本理论内容，也为人力资本理论进一步的发展奠定坚实的理论基础。

采用均衡分析方法创立了人力资本投资模型是贝克尔最突出的贡献之一。他将人力资本投资视作与物质资本的投资具备相同的性质，人力资本的投资同样涉及成本与收益的问题，因此，个人或家庭的人力资本投资必然与未来的预期收益紧密相关。假设效用最大化是个人或家庭进行人力资本投资的目标，他论证了人力资本在个人生命周期的某个阶段投资的均衡条件是：人力资本投资的边际成本现值与人力资本投资未来边际收益现值相等。其具体含义如下。

其一，在人的生命周期中，人力资本的投资量伴随着年龄的增长而逐渐下降。随着年龄的增长，对人本身投资的资本积累增多，从而这些体现在人身上的人力资本所带来的收益也上涨，最终人力资本投资的边际成本变大；随着年龄的增长，由于受到人的生命周期的限制，人力资本投资的可预期收益下降，因此，从理性经济人以及效用最大化的假设考虑，个人或家庭会选择在整个生命周期的最前半时期加强人力资本投资。

其二，在人的生命周期这一过程中，人力资本投资的重要时期主要是年少和年轻时期，这一时期投资的增长速度较快，投资收益的回报率也较高。人力资本投资同时还具有边际收益递减的特性，于是人力资本投资量趋于下降。在年老时期，人力资本投资水平趋于停滞，因为年老之后可能面临退休或较少的工作机会，同时继续工作的年限也不多，投资不足以抵销人力资本折旧，收益趋于下降。人力资本折旧率越大，投资的欲望或投资不能再实现个人或家庭的效用最大化，随着折旧率提高，边际收益递减，作为理性的个人或家庭必然减少人力资本的投资量。

其三，给定工资率的定义：$W = \alpha_e \times H$，α取决于个人的努力程度，人力资本投资收益水平取决于α变化的大小，α同时影响人力资本投资水平，人力资本投资与α成正向变动，从政策的角度来说，进行适当而有效的政策刺激，能使个人和家庭更加努力地工作，从而获得较高的收益回报，越高的收益回报率越促使个人和家庭进行更大的人力资本投资。

作为人力资本理论的奠基者之一，加里·贝克尔（Gary Becker）长期致力于运用经济学分析方法研究人类的行为，拓展了经济学研究范围，使之渗入社会学、心理学和人类学等研究领域，从而被誉为"帝国创建者的经济学家"。在人力资本的研究领域，贝克尔从个人和家庭视角出发，做出了许多开创性的研究工作，使人力资本理论的研究具备了微观经济学基础。贝克尔的人力资本理论对于苗族自身正确认识人力资本投资、重视教育也具有重要的现实参考意义。

3. 丹尼森的人力资本理论

爱德华·丹尼森（Edward F. Denison，1915）是美国经济学家。他在经济学上的重要贡献，主要体现在国民收入增长源泉的研究中，他采用传统分析方法论证了劳动和资本在国民收入增长中的贡献作用，并将除去劳动和资本解释的部分之外，其他大量未被认识的因素，称为余数或残差（residue），丹尼森对此做出了深入系统的定量分析和解释。

丹尼森在人力资本投资研究中最著名的研究成果，是通过《美国经济增长趋势》一书中提供的数据，经计量实证分析和测算，丹尼森得出结论：1929 年至 1982 年，教育的发展对美国的经济增长的贡献份额为 23%。显然，丹尼森的关于人力资本作为经济增长源泉的要素之一，采用更精确的分析方法更科学地论证了人力资本对经济增长的驱动作用，这一结论对舒尔茨的结论做了重要修正。学术界后来也普遍认为，与舒尔茨的研究方法相比，丹尼森所采用的计算方法更加严密和精确。

丹尼森采用计量方法对人力资本在经济增长中的作用进行实证研究，是其对当代人力资本理论的重要贡献。但这种测算方法也因存在缺陷而受到不少质疑，因为这种计算方法缺乏公认的经济增长理论的支持。自20世纪60年代以来，丹尼森的方法得到了广泛的传播，诸多研究者采用这种方法研究世界各国人力资本在经济增长中的作用，其中涉及不同社会制度的国家，同时还涉及发达程度不同的国家进行研究。这些研究成果大部分都揭示了人力资本在经济增长中具有重要作用，促使世界各国意识到人力资本投资的重要性，由此促使各国政府加强教育经费的投入。这在一定程度上，是受到丹尼森关于人力资本理论思想的影响。

西方现代人力资本理论，使个人因素在物质生产环节中的重要作用得到充分的重视和肯定。这一理论阐述和揭示了人的要素对经济发展和经济增长所起到的决定性作用。西方现代人力资本理论的特点，体现在对人力资本含义进行了全面系统的阐述，并从宏观和微观等层面对人力资本投资的目的和意义以及人力资本的形成途径进行深入的探讨，并创立了人力资本测算的主要方法。从而丰富和发展了人力资本理论。

三 当代人力资本理论

20世纪90年代初，再次兴起了研究人力资本理论的热潮，促使人力资本理论的发展跨上了一个新的理论高度。这一时期，主要代表人物是P. M. 罗默和R. E. 卢卡斯。在20世纪80年代后期，P. M. 罗默与R. E. 卢卡斯分别发表了《收益递增与长期增长》和《论经济发展机制》的论文，两者都强调和主张人力资本应作为经济增长的内生变量的观点，从而使"内生性经济增长"问题，成为西方经济学界研究的热点，"新发展经济学"正是在此基础上得以形成和发展起来。

1. 保罗·M. 罗默（P. M. Romer）模型

1986 年，保罗·M. 罗默（P. M. Romer）发表了《收益递增经济增长模型》的论文，在此文中，他在经济增长模型中引入知识变量，同时指出知识的积累具备两个特征：第一，资本的积累和专业知识成正向变化，资本积累的增加将伴随着专业知识积累的增加，工人专业知识的增加来自生产规模的扩大以及分工的细化；第二，随着资本积累的增加以及生产规模的扩大，知识具有"溢出效应"，同时知识流动性强，知识在企业之间相互流动，为彼此带来的好处，从而促进整个社会的知识总量增加。罗默创立了人力资本生产函数模型：

$$F_i = F(k_i, k, x_i) \tag{5-1}$$

其中，F_i 为第 i 个生产决策单元的产出，k_i 表示第 i 个生产决策单元的专业化知识，x_i 为第 i 个生产决策单元除了专业化知识之外的其他各生产要素向量，$k = \sum k_i$ 代表整个社会的知识总量。此外，罗默进一步假定：首先，给定 k 的初始值，F 是关于 k_i 和 x_i 的一次齐次式函数。并且社会知识总量固定不变时，第 i 个生产决策单元的生产技术处于规模收益不变的情形。其次，知识具有"溢出效应"，F 关于全球知识总量的边际生产力，具有递增性，即给定 x_i，F 是 k 的增函数。最后，就单个生产决策单元而言，其专业化知识的积累是关于资本积累的减函数。[①]

由罗默提出的生产函数模型及其假设的主要思想和主张是：首先，当专业知识的积累速度逐步减小，当知识总量积累增加速度小于专业知识积累的速度，单个的生产者的生产运营于规模收益递减状态。当折现率等于知识边际生产率时，经济增长将停止。其次，当专业知识积累的速度递减，并等于全球知识积累的递增速度时，单个生产者的生产运营于规模收益不变状态，总的经济增长以固定常数增

---

① 沈利生：《人力资本与经济增长分析》，社会科学文献出版社 1999 年版，第 96—102 页。

长。最后，当专业知识积累的速度上升，并且大于总量知识积累的速度，生产者运营于规模收益递增状态，总的经济增长趋于无穷大，说明这一情形的模型是扩散的。

技术进步在罗默的模型中被内生化，罗默的模型揭示了技术进步对经济增长的驱动作用，但依然存在缺陷。第一，模型不存在均衡解，因为模型是扩散的；第二，该模型将知识视作资本积累的函数。诚然，一个国家资本积累越多从而也会引起知识积累总量的提升，故而，经济增长就越快，然而一般而言，大国的资本积累总量会比小国大。如此，大国经济增长一定快于小国，但现实并非如此。

2. 罗伯特·E. 卢卡斯（R. E. Lucas）的模型

罗伯特·E. 卢卡斯（R. E. Lucas）于 1988 年发表了《论经济发展的机制》的著名论文，在文中创立了人力资本积累增长模型。该模型建立于舒尔茨的人力资本理论基础之上，同时结合了索洛的技术决定论增长模型的特点，其模型为：

$$h'(t) = h(t)\delta[1 - u(t)] \qquad\qquad (5-2)$$

其中 $h(t)$ 表示人力资本，$h'(t)$ 代表人力资本增量，δ 为人力资本的产出弹性边际产出能力，即资本的边际生产率，u 表示人力资本进入生产阶段之后所耗费的全部生产时间，$[1 - u(t)]$ 代表纯粹的在校学习时间，包括进入生产阶段之后再次进行培训和学习等而脱离生产的时间。模型式（5-2）中：如果 $u = 1$，则 $h'(t) = 0$，即人力资本积累等于零；给定 $u(t) = 0$，则 $h(t)$ 以 δ 的速度增长，$h'(t)$ 达到最大值，即人力资本积累总量最大。诚然，卢卡斯主张：劳动者应进行正规教育或非正规教育如职业教育、培训等，从而提升个人的人力资本积累，个人的人力资本积累的增加，必然促使社会知识总量增长，从而促进经济发展。

在人力资本理论的研究方面，新经济增长理论的主要贡献体现在经济增长模型中引入人力资本变量作为内生变量。新经济增长理论强调技术进步，但更加强调特殊专业知识对经济增长的作用，即强调专业化的人力资本，从而对人力资本的计量化研究更加深入和精确，更进一步地，为论证人力资本作为经济增长的主要源泉提供了技术支持和可靠的研究方法。这使人力资本理论的研究和发展发生了质的飞跃。

第二节　人力资本的测算与评价方法

因为人力资本本身衡量的复杂性，如何测算人力资本，就成为人力资本研究中的难题，时至今日尚无一个公认的测度方法。当前，较常用测度人力资本的方法有两种：一种是成本法，也就是从投入角度进行度量；而另一种是收益法，即从产出的角度对人力资本进行度量。成本法中的教育年限法，在实际应用中，很多专家学者一致认为具有很强的可操作性，将其单独列出。这一方法也是本书下一节中对苗族农业人力资本进行实证分析时所采用的评价方法。

一　成本法

成本法测度人力资本是依据成本核算原理，同时假设人力资本价值和花费在人身上的所有支出相等。其中，包括进行人力资本投资所需要的教育经费投入，这些经费来自国家和社会两方面的公共支出，也来自个人和家庭的私人支出。公共支出指的是来源于国家财政以及社会组织的支出，其中国家财政支出包括劳动保险、公共教育以及卫生保健等一系列支出。社会支出主要来自其他渠道的人力资本投资支出，如企业人力资源开发和在职培训员工，社会团体和组织开展职业教育等的经费投入。私人支出可以划分为直接支出与间接支出，直接支出是指个人和家庭直接进行人力资本投资的支出，间接支出是指个人和家庭因进行人力资本投资，所放弃的工作机会带来的工资收入和其他收入。

当前，在人力资本研究中，成本法是常用的方法之一，源于其具有较好的经济学解释基础以及统计数据的支持。尤其对人力资本投资的货币价值进行估算时，经常用到该方法。

二 教育年限法

教育年限法主要强调个人在人力资本投资和人力资本积累中的时间投入水平，并采用个人接受教育的年限或接受各级教育的水平来表示个人这一时期的人力资本存量。教育年限法首先将人口按受教育年限进行划分，然后按照接受各级教育的时间段进行加权平均，从而得到总人口的平均接受教育年限，继而用人口的平均受教育年限来表示一个国家或地区的人力资本存量水平。给出教育年限为 i，且 $i = 1$，$2, \cdots, 6$，则赋予 i 的值分别表示代表了文盲和半文盲以及小学、初中、高中、大专、本科及以上的 6 类不同教育层次。

假设人的能力大小与受各级教育水平成正比，并且将教育投资视作人力资本投资的主要途径，因此人力资本对经济增长的贡献可以视作劳动力质量对劳动力生产率的促进作用。如此，采用人口的受教育年限来表示一个国家或地区的人力资本存量是适宜的。给定劳动力的受教育总年数为 $L = l \times n$，其中 L 代表劳动力接受教育总年数，l 表示劳动力人数，n 代表平均受教育年数。在式（5-3）中，对生产函数进行线性变化之后，利用相关数据进行回归分析，得出各生产投入要素的产出弹性系数，将弹性系数值代入式（5-3），从而测算出人力资本对经济增长的贡献率。[①] 式（5-3）右边每一项分别表示各生产要素对经济增长贡献的百分比，将各生产要素贡献的百分比分别除以经济增长率，从而得到各生产要素对经济增长的贡献率。

$$Y'/Y = \alpha K'/K + \beta l'/l + \beta n'/n + \delta \qquad (5-3)$$

教育年限法的主要特点在于，人力资本投资成本与受教育年限之间具有较强的正相关关系，排除了价格因素的影响，因为通常需要用货币来计算人力资本投资成本；个人"干中学"的人力资本积累与受教育年限呈正相关。受教育年限越长，受教育文化程度越高，接受新技术、新知识越容易，从而可以更快地适应生产，也因此使得生产

[①] 朱国宏：《人口质量的经济分析》，上海三联书店1994年版，第328—335页。

效率得到提高，而个人通过在生产的经验形成的人力资本积累就越多；个体的受教育年限与其收入呈正相关，现实情况也大体如此。文化程度水平较高，接受教育年限较长者也通常获得较可观的收入。教育年限法的这些特点与现实的人力资本情况较贴切，从而使得该方法测算人力资本具有广泛的应用性。

但教育年限法存在一个重要缺陷：它忽略了知识的累积效应，于是将小学一年的教育与大学一年的教育等同，但随着个体逐一接受各级教育，其人力资本存量是呈递增增长的。教育年限法不能充分反映人力资本投资在不同教育阶段中带来的时间价值差异，从而不能明确区分基础教育与专业化教育在人力资本形成中的意义所在，也不能充分反映形成人力资本的年龄结构和性别结构。

三　收益率计量法

西奥多·W. 舒尔茨（T. W. Shultz）首先使用收益率测算法计算美国的教育对其经济增长的贡献，此后收益率法成为研究和测算人力资本投资对经济增长贡献率的测量方法之一。收益率方法是通过调查获得人力资本投资的成本和收益状况的相关数据与资料，计算出预期的人力资本投资收益率，即教育投资收效率。首先，计算在其他条件不变的前提下，个人接受更高教育之后年收益的增加值，常用一定时期内的社会平均值表示。其次，计算进行人力资本投资需要完成某级教育所必需的投资总额。最后，将教育增加的收益与投资支出的成本进行比较，从而得出教育投资收益率，即人力资本投资收益率。

$$\delta = (R_i - R_j)/c \qquad (5-4)$$

i 是比 j 更高一级的教育，δ 表示人力资本投资收益率，$(R_i - R_j)$ 代表接受某一级教育之后的年收益增加值，R_i 表示接受了 i 级教育之后所带来的社会平均年收益。R_j 为接受 j 级教育之后的社会平均收益。c 表示接受 i 层级教育所需的投资支出费用，包括在接受教育期间所耗费的各种费用，以及由于接受教育所放弃的从事工作所带来的可能的收入，即机会成本。在实际计算中，假设其他可能造成对收入影响的因素不变,进行教育投资后的年收入增加值,可以采用上一级学历人口的平均收入水平减去下一级学历的平均收入水平,用两者之差值来表示。国内人力资本投资的研究学者朱国宏等,在该方法的基础之上通过改进,从而测算教育投资的内部收益率。当教育的成本和收益的现值相等时,进行教育投资所能承受的最高利息率,即为内部收益率。如果实际的利息率高于内部收益率,则进行人力资本投资违反了利益最大化原则,也就是说进行教育投资是不合算的,如果实际利息率低于内部收益率,则进行人力资本投资将带来收益,两者之差即为净收益率。计算公式如下:[1]

$$\sum (R_i^n - R_j^n)/(1 + r)n = \sum [C^n/(1 + r)^n] \qquad (5-5)$$

R_i^n、R_j^n 和 C^n 分别表示第 n 年接受教育的收益和成本,r 代表内部收益率。教育投资的主体通常为国家或社会、个人和家庭,在计算中往往将国家或社会的人力资本投资与个人和家庭的人力资本投资分别计算。通过测算出各级教育学历的教育收益率,用教育收益率乘以各级教育的投资额,从而得出各级教育的收益增长额,继而将教育收益增长总额与经济增长总额进行比较,最终得到教育投资在经济增长中的贡献份额,即人力资本对经济增长的贡献水平。收益率计量法常采用劳动者的工资收入来体现其身上所蕴含的人力资本质量水平,换句话说,就是人力资本的货币价值表现形式。收益率计量法对人力资本在经济增长中的贡献,不仅其数据易于收集易于统计,而且该方法比较简单明了。

第三节　苗族农业人力资源调查现状

苗族是我国人口较多的少数民族之一。在漫长的历史长河中,创造了灿烂而丰富的民族文化,它体现了苗族人民的精神和智慧,也反映了苗族在特定历史条件下的社会生产力发展水平。但近百年来,苗族的整体经济社会发展一直比较落后,尤其是苗族的整体人口素质比

---

[1]　朱国宏:《人口质量的经济分析》,上海三联书店 1994 年版,第263—270 页。

较低，教育水平发展缓慢。这一小节里，将对苗族人力资源的调查现状，进行统计性描述分析。主要从苗族的人口结构、各级教育现状、劳动力文化水平3个方面进行。

一　苗族人口结构分析

据第五次人口普查，我国苗族总人口达894.0116万，其中男性为465.70万人，女性为428.31万人，性别比为108.73，在我国少数民族人口中位居第四。与第四次人口普查比较，苗族人口十年间增加了155.65万人，增长率达到21.08%，年平均增长率为1.85%。贵州省有429.99万人，占苗族总人口的48.10%。湖南苗族192.1495万，占苗族总人口的21.49%，云南苗族人口为104.3535万人，占11.67%。三省苗族占全国苗族总人口的81.26%。苗族人口中，城镇人口为126.42万人，占总人口的14.14%；而农村人口为767.59万人，占85.86%。[1]

与10年前相比，苗族城镇人口比率提高了6.14个百分点。各年龄段比例为，少年儿童（0—14岁）比重达到29.80%，劳动人口（15—64岁）比重占总人口的64.78%，老年人口（65岁及以上）5.42%，与20年前相较，少年儿童人口下降了5.02个百分点，而劳动年龄人口比重和老年人口分别增加了3.70和1.32个百分点。[2] 1990年和2000年苗族人口的性别年龄结构如图5.1所示。

二　苗族教育调查现状统计描述分析

作者于2010年对云南省文山市苗族农业部门的调查获得170个苗族村的调查数据，包括苗族教育、苗族人口文化水平以及苗族劳动力教育水平等。通过将相关的教育数据进行整理，并采用SPSS·20对苗族教育进行统计性描述分析，揭示当前苗族教育的基本现状。

---

[1]　国家统计局人口和社会科技统计司、国家民族事务委员会经济发展司编：《2000年人口普查中国民族人口资料》，民族出版社2003年版，第199—203页。
[2]　同上书，第118—121页。

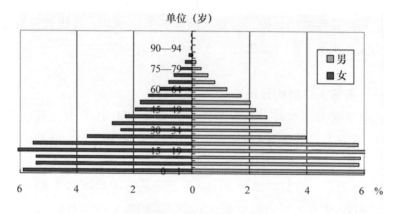

人口性别年龄金字塔（苗族，1990）

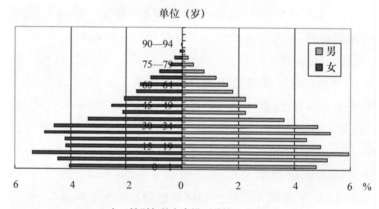

人口性别年龄金字塔（苗族，2000）

图 5.1　第五次人口性别年龄金字塔图

资料来源：国家统计局人口和社会科技统计司、国家民族事务委员会经济发展司编：《2000 年人口普查中国民族人口资料》，民族出版社 2003 年版。

　　1. 苗族教育概况在图 5.2 中可以看到，170 个苗族村，总人口为 3.5418 万人。其中文盲人口 1.6373 万人，占总人口的 41.34%；小学文化水平的人口 1.4696 万人，占总人口的 41.51%；初中、高中和大学的人口分别占总人口的 16.42%、0.63% 和 0.10%。尤其高中和大学文化水平的人口比例是非常低的。

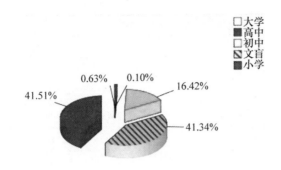

图 5.2　170 个苗族村的教育层次

数据来源：来自作者于 2010 年对云南省文山市 170 个苗族村的调查数据。

表 5.1 中两个重要的教育水平指标与全国、云南省，文山州的比较。170 个苗族村的人均教育年限只有 4.058 年。就 2010 年与全国的比较，全国人均教育年限高出 4.442 年，而所调查的苗族村的人均教育年限不到全国人均教育水平的一半。这两个指标的水平都相当低，说明苗族教育的总体水平比较落后。

表 5.1　　　　　　　　　　　　　苗族教育指标比较

教育指标	全国			云南省	文山州	苗族
	1990	2000	2010	2000	2000	2010
文盲率（%）	15.88	6.72	4.08	15	16	40.51
人均教育年数（年）	6.26	7.62	8.50	6	5	4.06

数据来源：《中国统计年鉴 2011》中国统计出版社 2011 年版。

进一步地，再与云南省，文山州比较，仍然没有达到 10 年前这两者的人均教育水平。其中文盲率高达 40.51%。2010 年，全国文盲率只有 4.08%。云南省和文山州 2000 年的文盲率也分别只是 15% 和 16%。

表 5.2　　　　　　　　　　170 个苗族村教育层次统计描述　　　　　　　单位：人

	描述统计				
	N	最小值	最大值	均值	标准差
大学	170	0	5	0.20	0.64
高中	170	0	20	1.32	2.84
初中	170	1	301	34.20	40.79
小学	170	7	570	86.45	95.31
文盲	170	1	690	86.09	102.46
Valid N	170				

数据来源：作者于 2010 年通过调查获得。

　　表 5.2 中，大学教育均值水平为 0.20，即 170 个苗族村平均每个村有 0.2 个大学教育水平人口。高中平均每个村只有 1.32 人，初中为每个苗族村 34.20 人。小学与文盲人口占的人数较多，分别为 86.45 人与 86.09 人。可见苗族教育层次的发展主要集中在小学与文盲两个水平上。通过表 5.1 将 170 个苗族的平均文盲率与全国、云南省和文山州进行比较，发现平均文盲率处于较高的水平，这一现象反映了苗族教育的极度落后现状。再具体分析 170 个苗族村的文盲率统计分布情况，见图 5.3 和表 5.3。170 个苗族村样本中，有 62 个样本的文盲率集中分布于 0.4 到 0.45，占总样本的 36.47%，其中有一个村的文盲率为零，文盲率最高的村为 0.76，全部样本文盲率平均值为 0.4051。

表 5.3　　　　　　　　　　苗族文盲率统计描述

	描述统计		
	N	最小值	最大值	均值
文盲率	170	0.00	0.76	0.41
Valid N	170			

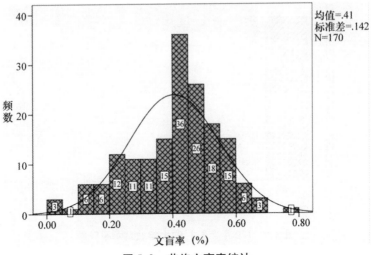

图 5.3　苗族文盲率统计

2. 大学与高中教育

高层次教育水平的发展标志着一个国家、一个民族综合实力的提升和经济实力的增强，同时也标志着一国国民的整体素质水平。从调查的数据中，发现苗族的较高层次的教育水平还处于一个较低的发展水平。

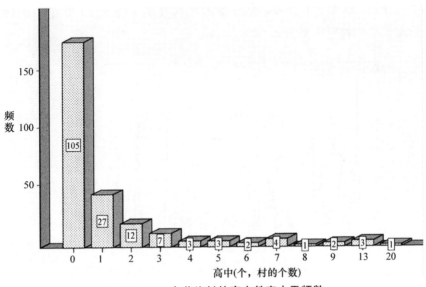

图 5.4　170 个苗族村的高中教育水平频数

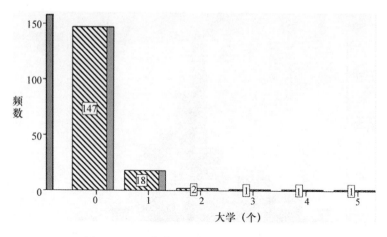

图5.5　170个苗族村的大学教育水平频数

图5.4中高达105个村的高中教育水平为零，占整个调查对象的61.76%。大学与高中教育在170个苗族村样本中仅为0.73%，所占比例是相当低的。在图5.5中，170个苗族村中有147个村的大学教育水平为零，占86.47%。有18个苗族村具有大学教育水平的只有1人，占10.59%。其中有两个村分别有2个大学教育水平的人，有三个村分别有3个、4个和5个具备大学教育水平的人。170个苗族村的大学平均教育水平为8.82%。

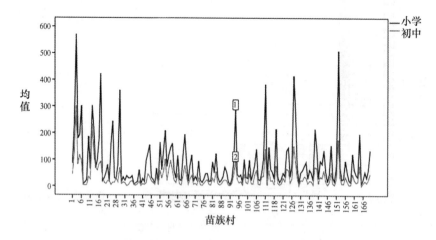

图5.6　170个苗族村九年制义务教育

如何解释这一现象呢？本书认为有两种因素导致苗族教育的不发达。一是苗族一直以来不重视教育的传统观念束缚了苗族教育的发展。二是苗族经济基础薄弱，无力支付高中和大学的教育费用。

3. 九年制义务教育

图 5.6 中，我们看到九年制义务教育的教育水平分布情况，其中，小学的教育人数比例占了较大的份额，表明 170 个苗族村九年制义务教育的人数主要集中于小学水平，也说明了苗族的九年制义务教育普及也不容乐观，整个人口素质平均仅具备小学文化水平。

4. 性别教育

在图 5.7 中，描述了从小学到大学各级教育层次，苗族男性与女性受教育人口中的比例。其中大学女性的比例仅占到总受教育人口的 0.04%，即 1 万个人中才有 4 个女性大学生；男性大学生所占比例为 0.12%，1000 个受教育人口中，才有近 1 个男性大学生。这再一次说明苗族大学教育水平低下的同时，苗族男性与女性的受教育水平是极不平衡的，一定程度上反映了苗族在教育方面的重男轻女观念。苗族高中教育所占受教育人口比例也比较低，男性与女性分别为 0.78%、0.25%，男生人数所占比例是女性人数的 3 倍。

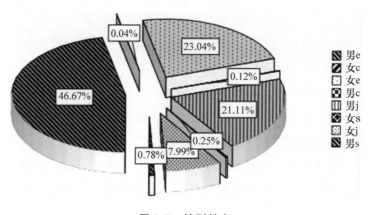

图 5.7　性别教育

在苗族教育的性别比较中，本书发现苗族女性在教育中所占的比例很小，作为苗族教育的一个显著特点，揭示了苗族教育中的性别差异。图5.8将男性与女性受教育人数分别在各级教育中进行比较，在较高层次教育水平中，女性所占比例是非常小的，甚至可以说严重稀缺，更突显了苗族教育的性别不平衡问题。在苗族的传统观念中，对苗族女性在教育中的认识，仅局限于认识几个文字，甚至认为不需要接受教育。整个苗族社会中重男轻女的观念严重，也是苗族女性接受教育机会稀缺的原因之一。可见在当前的苗族社会中，男女平等的观念并没有随着知识经济、信息时代的到来而建立起来。

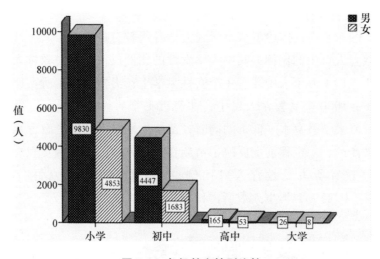

图5.8　各级教育性别比较

三　苗族农业劳动力文化程度分析

劳动力是农业生产中不可或缺的投入要素，一定意义来说，劳动力的文化素质决定着农业的生产效率水平。劳动力（labour power），是指人的劳动能力，蕴藏在人体中的脑力和体力的总和。农业的生产过程是劳动力作用于生产资料的过程。离开劳动力，土地、资本以及其他生产资料等不能发挥应有的作用，也不能进行资源的最优配置，劳动力本身具有主观能动性的特性。在农业生产过程中，劳动力还必须具备一定的生产经验和劳动技能或文化科学知识。劳动者在生产过程中运用自己的劳动力和文化知识、生产技术等，有效地将各种要素组合起来，实现最佳的资源配置，才可以提高农业生产效率。因此，劳动力的文化素质，接受教育的水平，以及实践经验等决定了农业的产出水平，并可以进一步提高农业生产效率。

表5.4 　　　　　　　　　　　劳动力平均接受教育年数

	描述统计			
	N Statistic	最小值	最大值	均值
劳动力平均教育年限	170	2.94	11.63	6.980
Valid N（listwise）	170			

图5.9与表5.4表明，170个苗族村的劳动力平均教育水平，最高为11.63年，相当于高中水平，最低为2.94年，属于半文盲水平。170个村的平均接受教育年数是6.98年，相当于小学毕业水平。

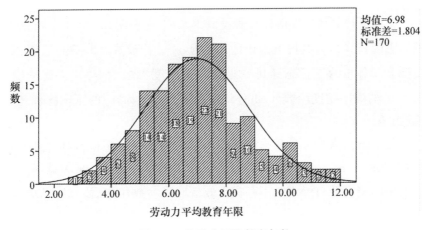

图5.9 劳动力平均教育年数

2000年，据第五次人口普查数据分析，我国第一产业（农林牧渔业）从业人员的平均接受教育仅为6.79年，我国15岁以上国民受教育年限仅为7.85年；2004年，我国15岁以上人口平均受教育年限达到8.3年，劳动力平均受教育水平由"小学毕业"提高到"初中毕业"。[①] 将苗族 2010 年劳动力的平均接受教育年数与这些数据进行比较，可见当前苗族劳动力的平均教育年数是相当低的。

第四节　苗族农业人力资本实证分析

本节通过把人力资本变量作为投入变量加入苗族农业生产模型中，从而建构一个一种产出 Y，四种投入［农业物质资本（K）、劳动（L）、耕地面积（U）以及人力资本（H）］的农业生产模型。本书以苗族农业劳动力的平均教育年限作为度量人力资本的指标。

一　理论分析框架

1. 半正态模型

艾格纳、洛夫尔和施密特（1977）在假设：

$$v_i \sim iidN(0,\sigma_v^2) \qquad (5-6)$$

$$u \sim iidN^*(0,\sigma_u^2) \qquad (5-7)$$

条件下得到了 ML 估计。假设式（5-6）表明，v_i 是独立同分布的正态随机变量，其均值为 0 且方差为 σ_v^2。假设式（5-7）表明，u_i 是独立同分布的半正态随机变量，其中尺度参数为 σ_u^2。也就是说，每个 u_i 的概率密度函数（pdf）均值为零，方差为 σ_u^2 的正态概率密度函数。

艾格纳，洛夫·尔和施密特（1977）对这一正态模型对数似然函数按照 $\sigma^2 = \sigma_v^2 + \sigma_u^2$，$\lambda^2 = \sigma_v^2/\sigma_u^2$ 进行参数化。如果 $\lambda = 0$，对于前沿的偏离源自噪声，不存在无效效应。参数化之后，对数似然函数为：

$$\ln L(y/\beta,\sigma,\lambda) = -\frac{1}{2}\ln(\frac{\pi\sigma^2}{2}) + \sum_{i-1}^{l}\ln\Phi(-\frac{\varepsilon_i\lambda}{\sigma}) - \frac{1}{2\sigma^2}\sum_{i-1}^{l}\varepsilon_i^2$$

$$(5-8)$$

---

① 胡瑞文：《中国教育与人力资源问题报告》，《教育发展研究》2003 年，第14—15 页。

其中 y 是取对数后得到的产出向量，$\varepsilon_i \equiv v_i - u_i = \ln q_i - x_i\beta$ 是合成误差项；$\Phi(x)$ 是标准正态随机变量的累积分布函数在 x 点的值。函数会最大化，要求求出参数的一阶导数，并设它们为 0。然而，式（5-8）的这些一次条件都是高度非线性的，而且不能从解析形式上解出 β、σ 和 λ。因此，必须通过迭代优化程序使得似然函数式（5-8）最大化。这涉及对未知参数选取初始值，并对它们进行更新，直到找到使似然函数最大化的点。

2. 柯布 - 道格拉斯生产前沿

道格拉斯生产前沿（Cobb-Douglas）首先由艾格纳和朱（Aigner and Chu，1968）应用于数据包络分析（DEA）方法中，其模型如下：

$$\ln q_i = x_i{}'\beta - u_i \quad i = 1, 2, \cdots, I \qquad (5-9)$$

其中 q_i 代表第 i 个生产单元的产出，x_i 表示一个由 $K \times 1$ 维向量组成的投入向量，β 代表未知参数向量，u_i 是与技术无效有关的非负随机变量。可以采用下述几种方法，估计模型中未知参数。艾格纳和朱采用的是线性规划方法，弗里阿特（Afriat，1972）假设 u_i 为服从伽玛（Gmma）分布，采用最大似然法估计未知参数，而理查蒙德（Richmond）则采用修正普通最小二乘法（Modified Ordinary Least Squares，MOLS）。

在这之后，艾格纳、洛夫尔和施密特（Aigner, Lovell and Schmidt，1977）、穆森以及布勒克（Messusen and Van Den Broeck，1977）同时提出了如下形式模型：

$$\ln q_i x_i = x_i{}'\beta + v_i - u_i \qquad (5-10)$$

式（5-10）与式（5-9）比较，增加了表示统计噪声的随机误差项 v_i，除此之外，该模型与模型（5-9）是相同的。统计噪声来源于两方面：一是所忽略的与 x_i 相关变量的影响；二是来自所选择函数形式以及测量误差带来的干扰。由于模型中产出值以随机变量 $\exp(x_i{}'\beta + v_i)$ 为上限，所以，式（5-10）被定义为随机生产前沿模型。随机误差 v_i 既可以为正亦可以为负，因此，随机前沿产出以确定部分 $\exp(x_i{}'\beta)$ 为基准而变动。

二 模型设计和数据说明

1. 模型的具体设定

根据式（5–10）设计出苗族农业人力资本的道格拉斯随机前沿模型如下：

$$\ln Y_i = \beta_0 + \beta_1 \ln K_i + \beta_2 \ln U_i + \beta_3 \ln L_i + \beta_4 \ln H_i + (v_i - u_i)$$

$$(5-11)$$

$$i = (1, 2, \cdots, 170) \qquad (5-12)$$

$$v_i \sim iidN(0, \sigma_v^2) \qquad (5-13)$$

$$u \sim iidN^*(0, \sigma_u^2) \qquad (5-14)$$

其中 Y_i 是第 i 个苗族村的农业产出水平，K_i、U_i 和 L_i、H_i 分别代表第 i 个苗族村农业投入要素物质资本、耕地面积与劳动力、人力资本（在模型中，采用劳动力的平均接受教育年数作为人力资本的投入变量）。v_i 是独立同分布的正态随机变量，其均值为 0 且方差为 σ_v^2。u_i 是独立同分布的半正态随机变量，其中尺度参数为 σ_u^2，即每个 u_i 的概率密度函数（pdf）都是均值为零，方差为 σ_u^2 的正态概率密度函数。

对这一正态模型对数似然函数按照 $\sigma^2 = \sigma_v^2 + \sigma_u^2$，$\lambda^2 = \sigma_v^2/\sigma_u^2$ 进行参数化。如果 $\lambda = 0$，所有相对于前沿的偏离源自噪声，不存在技术无效效应。如果 λ 接近于 1，说明采用这随机生产前沿模型是适宜的。

2. 数据来源与变量说明

如前所述，所采用的数据来自作者于 2010 年 2 月到 2011 年 1 月，对云南省文山市 170 个苗族村有关农业、教育等进行调查所得到的问卷调查数据。经对调查问卷进行整理与录入，最后得到模型估计所使用的截面数据。下面对苗族农业人力资本模型的相关变量作简要说明。

（1）产出变量（Y_i）。将每一个苗族村视作一个生产决策单元，每一个苗族村的 Y_i 是 2010 年内粮食种植总产值（总产量），主要包括所种植的各种粮食作物[①]总产值（总产量），单位为元。由于苗族

[①] 苗族的粮食作物种植比较单一，主要以玉米、旱稻、荞等为主。

的居住的地理环境比较相似，粮食种植主要以传统的生产方式进行，农户在所种植的作物品种上存在较小的差异，可以直接在产量层面上进行加总，也可以利用各品种的价格信息进行加总，即"价值量"表示。

（2）资本（K_i）。K_i 是每个苗族村一年内在种粮食生产上所投入的物质费用数量，单位为元。主要指在直接生产过程中所消耗的各种农业生产资料的费用支出，但不包括其间发生的与直接生产过程无关的期间费用，主要包括畜力作业、种子秧苗、化肥、农家肥、农药等。

（3）耕地面积（U_i）。U_i 是采用2010年内每个苗族村（生产决策单元）实际投入生产的耕地面积表示（水田和旱地的总面积），单位为亩。苗族的耕地主要以旱地为主，有极少量水田可以种植水稻。

（4）劳动力人数（L_i）（Farmer）。L_i 是计算每一个生产单元（村）劳动生产率以及其他相关指标时需要用到的变量，本书采用每一个苗族村（生产决策单元）实际从事农业生产活动的主要劳动力人数表示。

（5）人力资本（H_i）。人力资本度量有存量与流量指标，本书考察的是苗族的人力资本存量水平。在度量人力资本的方法上，主要有成本法、人均接受教育年数法和收益计量法等。在本书中将采用苗族的人均接受教育年数作为苗族人力资本的评价指标，并将其视作主要考察的投入要素，从而设定苗族人力资本模型。

三　模型估计

利用170个苗族村的农业数据，建立苗族农业人力资本随机生产前沿模型。样本数据包括2010年170个苗族村农业产出量 Y_i 与4个投入要素：资本（K_i）、耕地面积（U_i）、劳动力（L_i）以及人力资本（H_i，劳动力平均接受教育年数）。采用道格拉斯随机前沿模型，如同式（5-11）。通过估计，得到如表5.5的报告。

应用FRONTIER 4.1软件进行估计，得到苗族人力资本随机前沿模型参数的最大似然估计值。这些估计结果报告于表5.5中，每个估计值的渐近标准差已列出。表中数据是最大似然估计值,是对 OLS 估计的修正均值。因此,参数可以解释为样本均值处的弹性。

估计结果显示,土地的弹性系数是 0.941,其次是资本的弹性系数是 0.615,劳动力和人力资本的弹性系数分别为 0.057 和 0.050。

表 5.5　　　　　　苗族人力资本模型最大似然估计参数值

参数	系数值	标准差	t 统计量
β_0	1.840	0.207	8.885
β_1	0.615	0.023	26.694
β_2	0.941	0.022	41.641
β_3	0.057	0.023	2.246
β_4	0.050	0.059	1.960
σ^2	0.101	0.116	8.699
γ	0.906	0.390	0.232
对数似然值	0.149		

四　假设检验与结论解释

1. 模型参数假设检验

采用 LR 检验方法对所设定的模型进行检验。LR 是对数似然函数在无约束估计值处所计算出来的值应该接近于对数似然函数在约束估计值处所计算出来的值。似然比就是对这种接近性的测量:

$$LR = -2(\ln L_R - \ln L_U) \sim \chi^2(J) \qquad (5-15)$$

$\ln L_R$ 与 $\ln L_U$ 分别表示约束对数似然函数的最大化值与无约束对数似然函数的最大化值,而 J 仍表示约束个数。如果 LR 统计量超过临界值 $x^2_{1-a}(J)$,那么在 $100a\%$ 的显著水平上拒绝 H_0。

由 Frontier4.1 的估计报告中可计算出:

$$LR = -2(-73.77 + 114.57) = 81.64 \qquad (5-16)$$

表5.6   假设检验结果

零假设 HO	LR	$\chi_{0.95}^2(J)$	检验结论
HO：$\beta_1 = \beta_2 = 0$	81.64	5.99	拒绝 HO
HO：$\beta_3 = \beta_4 = 0$	81.64	5.99	拒绝 HO
HO：$\mu = 0$	81.64	3.84	拒绝 HO

表5.6给出模型参数的检验结果。因为 $LR = 81.64$ 大于 $\chi_{0.95}^2(1) = 3.84$ ，所以在5%的显著水平上拒绝原假设 $\beta_1 = \beta_2 = 0$ ，同样地，在5%的显著水平上拒绝原假设 $\beta_3 = \beta_4 = 0$ ；检验结论表明不能删除相应的解释变量，模型的设定是适宜的。对无效效应的检验，假设不存在无效效应，即 $\mu = 0$ 。因为 $LR = 81.64$ 大于 $\chi_{0.95}^2(1) = 3.84$ ，所以拒绝原假设（在5%的显著水平上），说明模型的扰动项中存在无效效应的影响。

2. 结论解释

通过对苗族人力资本随机生产前沿模型的估计得到各投入要素的弹性系数，在参数估计模型中，弹性系数主要评价投入要素的边际生产能力。从估计报告表5.5中可知，首先，耕地的弹性系数对苗族农业产出水平的边际产出能力最高，为94.1%。即在其他要素投入不变的条件下，苗族农业产出量的增长，来自耕地的边际生产率为94.1%。其次，资本对苗族农业的边际产出较大，其弹性系数为0.615。最后，劳动力与人力资本的弹性系数对苗族农业边际生产率最小，分别为0.057和0.050，即增加一单位劳动力或人力资本投入对苗族农业产出的边际生产率分别为5.7%与5%。这一结论再次说明了苗族农业的产出增长，土地的边际生产率最高，即增加一单位土地的投入对农业产出的增长最大。同时表明人力资本在苗族农业边际产出能力非常微弱。如果说人力资本是能够提高劳动者体力、智力、技能和健康等人力资本要素水平的一切必要支出的话，那么在该模型中，劳动力与人力资本对苗族农业的边际产出都是非常微弱的。劳动力作为人力资本的载体，在一定程度上也表现了人力资本的作用与意义。

因此，采用 170 个苗族村有关教育的数据，通过对苗族人力资本在苗族农业中的边际产出水平进行实证分析，得出的结论是人力资本在苗族农业生产中的边际产出能力非常微弱。

教育水平落后是抑制苗族农业经济发展的决定性因素，也是苗族社会经济落后的根本原因。于是愚昧也就无法根治，在这里生根发芽，一代一代的落后延续下去。衡量一个民族的兴盛与否，教育是至关重要的，因为重视教育普鲁士才得以统一了德意志。人们往往因为眼前的利益忽略了长久的利益，在贫困山区这样的现象尤其突出。对于苗族而言，导致教育落后的根本观念——不重视教育以外，还有另外一个客观因素——早婚。早婚虽然起初是苗族得以延续的一个重要因素，但是现在却成为阻挡苗族进步的拦路虎。初中因为结婚而辍学的现象较普遍。辍学的理由还有很多，但是我相信因为早婚而辍学这样的现象多少还是带有苗族特色的。

由于苗族在历史上是个不断大迁徙的民族，大部分居住在深山老林里，从事着刀耕火种、广种薄收的传统农耕生活，居住的地理环境恶劣以及长期与外界隔绝，导致苗族没有很好的条件来发展生产、发展经济，甚至没有机会接受教育，于是在他们的全部意识之中，只有安分守己，只有好好耕耘自己的土地才能谋得生存。这样的"乡土观念"经过代代传承，已深深烙在了苗族人的意识中。在当今的市场经济条件下，人类社会已经步入信息时代，知识经济以及高科技发展时代，然而再看看苗族当前的生产生活现状，竟然还部分地进行着原始的农耕生计。如今许多苗族人依然意识不到教育本身的意义，以及在社会发展、经济发展以及生产生活中所发挥的重要作用。

从总体上来说，苗族家长忽视对子女的教育，尤其在性别上，对女性教育依然持有几乎完全否定之态度。苗族不重视教育的原因主要体现在两个方面：一是经济落后，苗族长期的迁徙，导致自身物质资本积累能力弱，没有经济能力对教育进行投资，因此形成苗族自身人力资本存量低，人口质量低等严峻的问题；二是根深蒂固的不重视教育的传统思想。不重视教育，也就没有欲望接受教育，从而导致陷入代代相继教育贫乏的困境之中，愈加难以摆脱对这种教育发展路径的依赖。

第五节　人力资本与苗族农业可持续发展

人力资本是农业生产者、管理者生产能力所具有的价值。它表现在：一是用劳动者数量表示的资本；二是人力资源的质量，即农业劳动者的知识、智力、技能、健康、组织、管理水平及创新技术的能力等。农业人力资本是农业教育、培训和生产实践的产物，是农业生产力发展的重要源泉，同时也是农业可持续发展的关键所在。因此，苗族农业要突破自身的困境及发展瓶颈，实现可持续发展，必须加强和提高苗族教育水平，注重从这些方面进行资本投入。

一　教育在人力资本形成中的价值与意义

教育是提高人力资本质量和进行人力资本投资最重要的途径。教育又分为基础教育、高等教育、职业教育和社会教育等不同内容。教育投资可以提高劳动者或潜在劳动者的文化知识水平、劳动技能和劳动效率，有效开发劳动者的智力，更新劳动者的思想观念和拓宽视野，所以教育是一种人力资源投资和人才储备。其中，职业培训是对在职劳动者进行职业训练和促进其劳动技能提高的教育，可以提高劳动者的工作能力和劳动效率，以便适应劳动工作环境与工种的变换、科学技术水平以及劳动复杂程度提高的客观要求。因此，用于职业培训的开支费用也是一种重要的人力资本投资。对劳动者体育、卫生、保健、观光和休闲等方面的开支，主要是为了提高劳动者的身体素质，延长人口寿命和劳动年限，增加劳动力数量，促进国民经济和社会生产力持续长久地发展，这类开支构成了人力资本投资不可缺少的一部分。通过教育增加就业机会，可以减少因劳动者失业使其掌握的知识、劳动技术等处于闲置状态的现象，防止社会人力资本遭受损失。

所以，扩大投资规模、举办社会公用事业、增加基础设施投资和提供更多的就业机会等，是充分利用人力资本的表现。另外，更新劳动者的思想观念，培养劳动者的商品观念和市场竞争意识，丰富劳动者的精神文化生活等开支，也可以提高劳动者的综合素质，开发劳动者的智力潜能，是人力资本投资的组成部分。因此，鉴于当前苗族教育发展的落后现状，苗族本身需要从多层次上建立教育体系，从苗族自身而言，要形成重视教育的良好意识，注重对后辈人才的培养，即重视对下一代进行人力资本投资，以逐步一代代提升苗族自身的人力资本积累能力，从而提高苗族的整体人力资本存量和质量水平。从政府的政策层面而言，应针对苗族地区的特点，加强对苗族地区的思想教育。同时，增加财政支出和政策倾斜，以帮扶苗族发展教育，提高苗族人口质量水平，发展教育以促进苗族人力资本存量的提高，为苗族经济社会发展打牢根基。通过对苗族群众进行各种劳动技术和科技培训，提升苗族农业劳动者劳动技能，是促进苗族人力资本积累的重要途径。政策支持将推进苗族教育发展，作为解决苗族各方问题的根本，加大教育投入无疑是对形成苗族人力资本提升具有极其重要的战略意义。

二 农业可持续发展以教育为本

农业可持续发展这一概念，最早于 1985 年在美国加州《可持续农业教育法》中提出。20 世纪中期以来，在追求经济增长的同时、也面临来自人口、资源和环境等方面的压力。人类开始反思，关于经济增长和发展模式，有没有可持续的发展模式。1962 年，美国生物学家莱切尔·卡逊（Rachel Carson）发表了《寂静的春天》，其中，描绘了一幅由于环境污染造成的可怕画面，并感叹人类将失去"春光明媚的春天"，从而引发有关发展观念的争论。"国际可持续农业协会"于 1988 年在美国成立。联合国粮农组织（FAO）① 于 1989 年，通过了第 339 号决议，深入阐述了可持续农业发展。联合国粮农组织于 1991 年，在荷兰召开农业与环境国际会议，形成了《登博斯宣言》，其宗旨是倡导可持续农业和农村发展（SARD），并提出了"可持续农业"概念："为确保获得并持续地满足当代与后代人们的需

---

① 联合国粮农组织 Food and Agriculture Organization，简称 FAO。

要，要以管理和保护自然资源为基础，调整技术和机制的发展方向。因此，这是一种能够保护自然资源和生态环境，不会造成环境退化，同时经济上有活力，在技术上可行，能得到广泛接受的农业。"

1992 年联合国环境与发展大会，提出了以人的全面发展为目标，经济与社会、资源与环境可持续协调发展。至此，"可持续发展"概念得到广泛共识，可持续发展逐步成为一种新的发展思想和战略模式，其理论框架开始形成。中国因其特有的对自然界的整体论思想，而对可持续发展更为重视，并在 20 世纪末将"可持续发展"与"科教兴国"一并确定为国家发展战略。《中国 21 世纪议程——中国 21 世纪人口环境与发展白皮书》明确提出了中国农业与农村经济可持续发展的战略目标："确保农业生产率持续稳定增长，保障粮食安全以及食物生产安全，保护土地资源，合理利用自然资源，转变农业发展方式，发展农村经济，增加农民收入，改善生态环境，保护自然资源，以及生物资源，以满足国民经济发展需要，满足人民生活的需要。"①

苗族要实现农业可持续发展需要以教育为根本。要从根本上转变传统和原始的农业生产方式以及忽视生态环境保护的传统发展模式；改变苗族农业粗放型和低生产效率的增长模式，根据苗族地区的特点因地制宜，发展集约型苗族农业发展模式；加大协调苗族农业发展与生态环境和自然资源之间的关系，提高对苗族农业资源的利用效率。实现苗族代际之间的发展和对农业资源和生态资源的永续利用。但是，要达成苗族农业发展的上述转变以及发展目标，其根本还是要发展苗族教育。提升苗族的人力资本积累能力，增加苗族人力资本存量水平，通过提高苗族总人口质量和劳动人口的质量来促进苗族经济社会的发展。当苗族自身的发展具备了一定的资本和财富基础之后，自身就有能力进行更多的教育投资，而教育投资又将带来更多的好处和收益。而这些收益和财富将进一步作为资本进行再生产投入，如此良

---

① 《中国 21 世纪议程——中国 21 世纪人口环境与发展白皮书》，中国环境科学出版社 1994 年版，第 62 页。

性循环发展，苗族必然可以摆脱当前传统农业生产模式以及对原始发展模式的路径依赖，以实现诸多转变，达成苗族农业的可持续发展目标。

三　苗族教育与开发农业人力资源

美国经济学家舒尔茨，于20世纪60年代，提出了人力资本的概念，他强调人力资本是推动农业生产率提高的重要因素，传统生产中的物质资本，如机器设备、拖拉机、农药等是在人力资本的有效组织和配置下得以实现价值的转换，人力资本是促进经济增长的关键要素。舒尔茨以日本为例，认为日本在战后其生产力几乎全部被毁掉，经济基础薄弱，但战后政府所采取的一系列振兴经济发展的政策中，教育被列为首要发展的任务，从而使日本整体国民素质提高，国民经济快速发展，经济增长迅速，迅速崛起成为发达的世界经济大国[①]。因此，舒尔茨得出结论，人类有能力克服对有限资源的依赖，诸如对耕地、传统农业以及正在枯竭能源等的依赖，并能够降低人类生产所必需的食物供给的生产成本；人类的未来之发展并不完全取决于空间、能源和耕地等因素，而是取决于人类本身才智的进化。人类可以通过自身的才智创造新的资源以满足人类自身发展的需要。人类的能力和科学技术水平的进步，促进了现代农业生产率迅速提高；在改善贫困人口的生活方面，提高人口的质量成为决定性的因素。就苗族而言，促进苗族地区人力资本市场化，通过外力的推动，冲破地区人力资本自给自足的"低水平均衡陷阱"，提高贫困地区人力资本的市场需求，培育和发展市场体系，实现公平与效率的统一。

农业可持续发展受自然因素和社会经济因素等多种因素的制约，土地、阳光、淡水资源、气候等自然因素有时是难以改变的，而社会经济因素中的劳动力素质是可以改变的。现代农业要素投入包括农业人力资本的投入，现代农业发展需要高素质的农村劳动者来推动。所

---

① ［美］西奥多·W.舒尔茨：《论人力资本投资》，吴珠华等译，北京经济学院出版社1990年版，第110—115页。

以，开发苗族农业人力资源应将重点放到教育之上，通过教育解决贫困问题，通过教育提高苗族的农业劳动生产效率。加强苗族人力资本投资，提高苗族劳动力的文化素质水平，对实现苗族农业可持续发展具有重要的意义。只有苗族整体人口质量提高了，才能突破苗族农业困境和经济发展的瓶颈。

第六章 苗族经济困境成因
分析与路径依赖

第一节 当前困境

基于云南省文山市 170 个苗族村的调查数据，经统计分析与实证研究，归结出当前苗族农业困境的四个主要方面：一是人均农业资源占有量少且生产效率低；二是生产技术落后，组织与配置资源能力弱；三是农业产出的源动力主要来自土地的贡献；四是苗族人力资本对农业发展的驱动力弱。

一 人均农业资源占有量少且生产效率低

采用统计描述分析方法和传统生产率评价方法，对苗族农业部门的主要经济指标进行分析和讨论，得出当前苗族农业的基本情况如下。

（1）劳动力。170 个苗族村的劳动生产率平均为 431.472 公斤，最高水平为 804.39 公斤，最低水平为 135.90 公斤。170 个苗族村的劳动力平均教育水平，最高为 11.63 年，相当于高中水平，最低为 2.94 年，属于半文盲水平。170 个村的平均接受教育年数是 6.98 年，相当于小学毕业水平。

（2）资本。170 个苗族村人均收入的平均水平为 631.53 元。最高的人均收入水平为 1400 元，最低年人均收入为 250 元，国家规定的贫困线年人均收入是 625 元，贫困村有 81 个，占 47.65%。处于温饱水平的有 74 个村，占 43.53%，小康水平的有 15 个，占 8.82%。
170 个苗族村的整体生活水平是很低的，大部分苗族的生活还比较贫
困，部分苗族只是解决了温饱，只有极少数苗族的生活水平有较大的
改善。人均收入 600 元以下的有 95 个村，所占比例为 55.88%，也就
是说近一半多的苗族生活水平处于贫困状态。苗族的资本生产率状
况，最高的生产率水平为 162%，最低水平为 24%，平均水平为
65.53%，即苗族的平均资本投入 100 元，65.53 公斤的产出水平。
由于苗族收入水平非常低，资本积累艰难，因此苗族资本资源占有量
水平较小，资本的生产能力弱。

（3）土地。170 个苗族村的人均耕地资源平均为 0.763 亩，与
2010 年全国人均耕地水平 1.4 亩①比较，人均耕地水平最高的是 1.47
亩，与全国的人均耕地水平相当，最小的人均耕地水平仅为 0.38 亩。
这些数据表明苗族的人均耕地资源的水平很低。土地生产效率 170 个
苗族村的平均亩产 346.76 公斤。最高亩产是 680 公斤，最低亩产 180
公斤。

经分析表明，传统生产效率评价方法下的苗族农业生产效率水平
较低，并且苗族的农业资源人均占有量处于较低水平。

二　组织与配置资源能力弱

基于数据包络分析（DEA），通过对苗族农业生产效率进行分解
成技术效率，成本效率、配置效率以及规模效率，并对其进行考察，
得出苗族农业的生产效率水平如下。

（1）技术效率。170 个苗族村的农业生产技术效率平均值为
0.687。其中只有 7 个生产单元的生产效率是最佳的（$\theta = 1$），处于
最优的生产前沿面上，占生产决策单元总数的 4.22%；（2）配置效
率与成本效率。配置效率与成本效率的平均值 0.526 和 0.587，配置
效率与成本效率水平很低；（3）规模效率。170 个苗族村，有 8 个村

---

① 国家统计局：《中国统计年鉴 2010 年》，中国统计出版社 2010 年版，第 201—
203 页。

的农业生产技术效率处于最佳的生产前沿面上，综合效率、纯技术效率与规模效率都达到了最优水平。其中有 3 个苗族村的生产规模处于规模收益递减时期，即增加要素量的投入，产出的增长小于投入量的增长甚至产量完全没有增长。而 159 个即绝大多数苗族村的生产规模处于规模收益递增阶段。

以上实证分析结果说明了当前苗族农业的生产技术还很落后，并且对农业生产资源的组织与配置效率较低，不能有效进行农业投入与产出的技术配置。

三　农业产出的源动力主要来自土地

采用柯布 – 道格拉斯（Cobb-Douglas）随机生产前沿模型对苗族农业的综合效率，农业生产投入要素对农业产出水平的解释能力进行实证分析，分析结果如下。

通过柯布 – 道格拉斯 Cobb-Douglas）随机生产前沿模型测算出，苗族农业的物质资本、耕地和劳动的弹性系数分别为 0.624、0.939 和 0.0573。在其他投入要素不变的情况下，苗族农业产量的增长，资本的边际生产率为 62.4%。耕地与劳动的边际生产率分别为 93.9% 和 5.73%。三种投入要素当中，耕地对苗族农业的边际产出最大，达到 93.9%，而资本与劳动的边际产出相对较低。这一结论符合当前苗族农业的生产情况，苗族农业的生产方式依然是传统的农耕方式，主要依靠人力、畜力、物力、气候以及耕地本身的肥沃程度来决定农业的产量水平。

实证分析显示，土地在苗族农业产出的边际产出能力最大。这一结论与经验认识的苗族的农业生产情况是非常相符的。苗族居住的环境恶劣，农业生产技术比较落后，刀耕火种的现象仍有存在。苗族农业产量的增长主要依靠土地的驱动，通过开垦荒地、林地等扩大粮食种植面积以换来更多的产量解决温饱，维持生计。

四　人力资本对农业发展的驱动力弱

对 170 个苗族村有关教育的数据进行较系统的统计分析，从苗族的各级教育层次到苗族总体教育水平，揭示当前苗族教育的整体现状，从而有效评价当前苗族的人力资本存量水平，并考察人力资本在苗族农业产出中的解释能力。

经统计分析，得出评价苗族教育水平的两个重要指标：文盲率与人均教育年数，分别为 40.51% 和 4.058 年。将这一水平与全国、云南省，文山州的比较，170 个苗族村的人均教育年限只有 4.058 年，在四者中处于最低水平。就 2010 年与全国的比较，全国人均教育年限高出 4.442 年，而所调查的苗族村的人均教育年限不到全国水平的一半。再与云南省，文山州比较，仍然没有达到十年前这两者的人均教育水平。其中文盲率高达 40.51%。2010 年，全国文盲率只有 4.08%。

进一步地，把人力资本变量（以苗族农业劳动力的平均教育年限作为度量人力资本的指标）作为投入变量加入苗族农业随机生产前沿模型中，建构苗族的农业人力资本随机生产前沿模型。通过对苗族人力资本随机生产前沿模型的估计，得到各投入要素的弹性系数。耕地的弹性系数为 94.1%，表明耕地在苗族农业中的边际产出水平最高，即在其他要素投入不变的条件下，增加一单位的耕地投入，94.1% 来自耕地的边际产出。其次是资本对苗族农业的边际产出较大，其弹性系数为 0.615。其中劳动力与人力资本的弹性系数分别为 0.057 和 0.050，即劳动力与人力资本在苗族农业中的边际生产率分别为 5.7% 与 5%。经统计描述分析与实证分析，主要的教育变量指标都表明苗族的人力资本存量非常低，教育落后。同时苗族农业的产出增长主要来源于土地的边际生产能力，人力资本对苗族农业的边际生产能力非常微弱。换言之，人力资本在苗族农业产出中的贡献份额较小。而劳动力作为人力资本的载体，其对苗族农业的边际生产能力也是非常微弱的。

实证表明当前苗族的人力资本存量处于较低水平，对苗族农业的产出驱动力弱。

第二节　探析传统路径依赖的局限性

苗族农业发展的困境，甚至苗族整个经济社会发展的滞后，都可以归根于苗族发展和演变的历史过程的影响。也正是这一初始选定的发展路径决定了苗族当前民族发展的落后与贫困，包括农业生产效率的落后，教育水平的低下以及整个民族文化素质的落后。主要表现在以下四个方面。

第一，历史上大迁徙所造成的生产力落后性

苗族是一个历史悠久、人口众多、分布广阔、具有世界性的古老民族。历史上，由于政治、战争和生计等原因，生活在黄河中下游的苗族先民被迫不断迁往大西南地区。世世代代苗族同胞的不断迁徙，如今这个民族的足迹遍布于亚、欧、美、澳等各大洲。

苗族的迁徙有着比较复杂的原因，涉及历史、经济与社会等方面的因素，也有宏观与微观的原因。日本学者白鸟芳郎从微观的视角阐述了苗族迁徙的具体原因[1]：其一是地力耕尽，无法继续耕种。苗族世代居住于高山地区，从事刀耕火种的农业耕作方式，因土地贫瘠，耕种几年后，地力耕尽，于是就进行迁徙。其二是人口增多，耕地承载能力有限。苗族重男轻女的观念严重。很多苗族家庭为了要生男孩或多生男孩，不停地生育，直到达到目的为止，就导致了多生的现象，也因此造成人口的增加，而土地承载能力有限。人口增长势必产生对土地承载的压力，在耕种的土地再难满足生计的情况下，迁徙寻找可以满足生计的新土地成为必然的选择。其三是自然灾害与流行疾病的影响。苗族生活在高山丛林地带，其居住条件落后、医疗卫生条件极为有限，一旦发生自然灾害或流行疾病，无力应对，只能选择迁徙。其四是遭他族入侵或异姓家族之间因世仇引起冲突。苗族也有与他族相邻而居的情形，时间长了，难免因利益产生矛盾，但他族往往是强势的。此种情况下也会选择迁徙。而部分苗族异姓家族之间的冲

---

① 谭厚锋：《境外苗族的迁徙及分布》，《贵州民族研究》1997 年第 7 期。

突也会导致其中一方选择搬离居住地。除此之外，生活贫困，租税沉重也迫使苗族不断迁徙。

苗族的迁徙，无论源于社会或经济的原因，都给苗族的农业生产力带来极大的消极影响，迁徙时随身携带有限，沿途的大量消耗，重置生活必需用品和生产用具，开垦山地荒地等，使之前的生产积累消耗殆尽。时隔数年，又再次迁徙。如此频繁迁徙，必然极大地妨碍了生产力的发展，也使苗族社会经济长期停留在原始落后的状态。迁徙还造成居住区域的极端分散和各支系间的长期隔绝，由此引起苗族社会、经济、文化发展的不平衡，不能形成良性有效的生产力发展。长此以往，苗族必然陷入了发展之困境，陷入贫困循环的深渊，最终形成了对生产力落后的历史迁徙路径依赖。

改革开放后，随着市场经济的确立，苗族聚居地区的生产生活有了较大改善，但由于历史的和现实的种种原因，不少地区的苗族民众仍未摆脱原始农业的耕作方式，苗族地区的社会经济发展水平至今还很低，民众生活尚较贫困，缺粮、缺水、缺电的现象仍部分地存在着。特别是居住于深山、石山区的苗族，土地贫瘠，缺水严重，岩石甚多，岩地面积占地表的70%以上，有的至今还用人力拉着石块来碎土。而居住于深山或高山区的苗族，则在陡峭的山坡上种植作物，产量极低。苗族的这些现实境况当受到应有的关注。在这类地区要真正行之有效的发展民族经济，还必须从根本上改变苗族囿于深山、耕作粗放的现状，改变游耕和游居的生产方式。要摆脱对这种原始生产力的路径依赖，必须借助政府外力，对此类居住环境恶劣的苗族聚居区加大基础设施建设，以改善居住环境，提升生产能力。若不宜居住的地区，当进行搬迁。

第二，自然环境决定的生产方式路径的原始性

苗族聚居的地区多为山区半山区，环境恶劣，土地资源匮乏形成了土地资源人均占有量少的现状。要发挥少量土地资源的最大优势，传统的生产方式即靠天吃饭的生产方式显然是无法达到的。苗族社会在传统的生产方式的制约下，发展经济显然是困难重重的。而环境的恶劣，对于苗族农业而言，不仅土地资源稀缺，还造就了落后的生产

技术。因为土地资源的匮乏，环境的恶劣，苗族聚居区的农业生产技术还停留在原始状态。在中华人民共和国成立前，很多地方还处于刀耕火种的原始农业阶段。改革开放以来，虽然很多先进的农业生产技术也逐步进入了苗族聚居的山区、半山区，但多是从发达地区直接引进。平原地区的地理环境与苗族聚居区有诸多不同，技术本身并不适合苗族聚居区的客观实际，为苗族农业的发展做出的效果甚微。

因此，必须改变传统的自然生产方式，根据农业发达地区的先进经验，制定适合于苗族聚居区环境的生产方式和研发相关的生产技术。苗族农业传统观念认为，生产依赖劳动力，仅凭借个体劳动者的体力进行生产。依赖勤劳和勇敢，在环境恶劣的地方种植适合本地的作物，以及驯化经济价值较高的作物如三七、八角等。但是就整个苗族农业经济而言，传统的路径依赖对其发展显然是消极的。因此要打开苗族经济发展的"机会之窗"，必须破解当前苗族社会对于传统生产方式的路径依赖。

第三，民族内部制度安排的传统惯性

传统制度安排所形成的当前苗族观念是以苗族民族内部的组织结构和制度安排为表现形式。重新审视苗族内部长期以来所形成的社会组织、制度安排等，对于探析苗族发展落后的成因，以及由此形成的路径依赖具有重要意义。苗族虽然是一个人口规模比较大的民族，但长期的迁移、离散使该民族在历史上长期从属于所在地区的强势民族如汉族、彝族、侗族、土家族、布依族、壮族等，并被动地卷入奴隶制、封建制社会体系中。其自身社会发展程度却一直比较低。在民族内部，农村公社的社会形态长期存在，并发展出几种主要的社会组织，其一是宗族，其二是鼓社，其三是议榔。

苗族历经千年的历史，自身形成了上述的社会组织和由此形成的制度安排。这样的制度安排既体现了苗族悠久、独特的民族文化，也体现了苗族民族落后这样一个事实。在这一机制中，苗族本身已经演化成只注重追求一种自由生活的生存之道，而不重视甚至不曾意识到知识文化对于提高整个民族素质的重要意义，长此以往而形成的根深蒂固的观念逐步让整个民族陷入难以摆脱的困境。苗族教育的落后，从而表现在整个民族素质水平低，苗族经济社会的落后、粗放型的农业发展，苗族地区自然资源的过度消耗、生态平衡破坏、贫困等，都充分体现了这一制度安排的弊端，也是不重视教育这一传统思想路径的体现。因此，苗族的落后，苗族农业发展的瓶颈，苗族的贫困循环一定程度上都是这一矛盾的表现，也是这一传统思想观念的发展路径的结果。

第四，贫困带来的机会不均等性

贫困归根结底是人或以人为主体的社会群体的贫困。作为社会人的个体，他享有在这个群体中的各种应得到的社会权利，如享有与群体中其他个体同等机会获得和接受社会教育的权利，享有参加劳动进行生产并获得劳动成果分配的权利，享有在群体中与其他个体同等公民的政治权利以及社会福利保障，同时享有参与各种社会活动，进行传播文化信息的权利。马斯洛的需要层次理论揭示，人有获得并首先满足基本的生存资料，其次满足发展资料，最后进入最高需要是享受资料。人的发展是从满足基本生存资料开始，到物质资料的生产。在这一过程中，个体逐步获得所需的发展资料，并通过社会化使自身得到进步。而获得个体的发展资料，包括取得较高生活质量所需的物质基础，接受教育的机会，参与群体性文化娱乐、体育等活动的需要。因此，如果个体这些权利和需要不能很好地实现，那么就是陷入了贫困的境地。

贫穷与不平等之间实际上存在着内在的因果性关系，不同学科的学者对"不平等"有着具有各自学科特色的界定方式。经济学者从经济学的视角进行分析和阐述，他们将贫困视作一种经济上的不平等（Economic Inequality），这种不平等体现为对享有资源、收入分配以及经济发展中的公平与效率等问题；社会学者基于社会分层的意义，阐释了不平等与贫困问题，主张就社会分层的意义而言，贫困的实质就是一种不平等（Miller & Roby, 1971），穷人一般生活在社会的底层，过着贫困潦倒的生活。研究乡村社会问题的学者认为，土地不平等分配，是产生乡村贫困的主因。但是，土地分配的不平等，也不能完全有效解释农村社会贫困问题，只是作为一个很重要的影响因素而存在；政治学者从制度层面，探索了贫困的源头认为，社会制度设计的本身导致了现代意义上的社会贫困。①

　　不管是经济、社会乃至文化的不平等，又进一步加剧并造成了在发展中的机会不均等问题。对于机会不均等，在苗族而言，大部分苗族民众居住在极度恶劣的环境下，生产方式落后，生活水平较低。他们首先遇到的就是吃饭、喝水、住房等基本生活条件都存在困难的问题，更谈不上能在医疗、卫生、文化等方面获得保障。因此，苗族所需要的低水平的基本公共服务还不能得到保障。就苗族的教育问题而言，义务教育在苗族地区的落实原本就比较困难，未完成小学教育就辍学的现象普遍存在，能坚持完成初中教育的情形就已经出乎寻常了，至于上高中和大学，或者接受职业教育等就极为罕见了。根据本书的调查数据统计显示，170 个苗族村中有 147 个村的大学教育水平为零，占 86.47%。有 18 个苗族村具有大学教育水平的只有 1 人，占 10.59%。170 个苗族村的大学平均教育水平为 8.82%，即每个苗族拥有 0.0882 个大学水平的人。于是，由于生活极度贫困，上大学成为许多苗族家庭的奢望。然而还要面对一个比较现实的问题，就是上大学之后能否进入非农领域就业，能否在同等条件下获得可以进入工业或服务业就业的机会，从而获得相对高于农业的收入。这种低水平的就业在发达地区或其他许多非少数民族地区早已不是问题，但在苗族地区还是个大问题，更遑论能否获得与城市居民同等的待遇和权利。

　　从本书的分析可见，要从根本上改变苗族的困境，要做的工作确实有许多。社会经济的发展，在于是否有公平的市场准入机会，即能否公平获取资金和其他资源，如土地、能源、原材料等许多方面，是否有公平机会。针对苗族地区，我们可以看到一个机会链条，其中有若干重要的机会窗口，而最为关键之点就是人力资本成长。"一个社会的机会均等程度，可以从这些'机会之窗'打开的多少和打开的

---

　　① ［乌拉圭］埃尔多·索拉里：《拉丁美洲的农村社会学》，杨仲林译，国外社会学参考资料 1983 年版，第 2 页。

程度来衡量。"[1] 就苗族而言，也是如此，"机会之窗"打开的程度和多少，将决定着苗族未来的发展之路。

苗族经济发展之所以遭遇瓶颈，陷入贫困循环，固然有着历史、民族特性和自然环境等因素，但社会发展层面造成的机会不均等也是应该关注的。换句话说，就是人们获取资源或者进入某一市场的机会不均等，而资源禀赋初次分配的实质是机会均等的问题。

第三节　打开苗族经济困境的"机会之窗"

随着我国经济社会发展进入新的阶段，我国经济、社会和文化等诸多方面都发生了重大变化，特别是改革开放 30 多年以来，经济快速发展。2010 年，我国经济总量位居第二，成为世界第二大经济体。但从宏观的发展阶段看，中国正处在社会转型发展阶段。在这一时期，社会具有以下四个方面的特点：第一，市场经济体制基本确立，并不断调整、规范与完善；第二，城市化或城镇化取得较大成效并快速发展；第三，工业化水平得到提高，调整与升级产业结构；第四，大幅度提高和改善了人民生活水平，全面的小康社会建设取得成效。

第一，抓住时代赋予的"机会之窗"

改革开放以来，中国经济体制的改革激发了中国经济日新月异的发展。在苗族聚居的地区，却仍旧受到旧有经济生产的路径依赖制约，无法全面地结合自身优势与其他地区的优势来发展民族经济。市场经济的实施，使得资源的配置更为合理也更加高效的同时，也为民族经济的发展形成了"机会之窗"。

改革的进一步深入使得苗族初步确立了市场经济，但是苗族的市场经济是建立在农业发展严重滞后，物质资本、人力资本严重匮乏、教育水平与人口素质极其低下的基础之上的。由于苗族社会的意识形态还沿袭着旧有的思维模式，发展方式还依赖着旧式的路径，虽然仓

---

[1]　刘世锦：《从改善民生到机会均等》，《中国经济时报》2012 年 1 月 17 日，第 127 页。

促地进入了市场体系，但是严重缺乏自身优势，且由于旧式路径依赖的制约使得苗族经济发展仍旧无法又好又快地科学发展。社会的进步为苗族经济的发展带来了机遇和挑战，也是为苗族经济困境打开"机会之窗"的良好时机。故此，苗族本身应抓住时代赋予的"机会之窗"，并在苗族发展的机会链条上逐步适时将其打开，以摆脱当前苗族发展对旧有路径的依赖。

第二，营造公正的社会环境以促进机会均等

如何有效推动机会均等？需要明确的是，创造机会均等环境也可以说是一项公共产品，说到底是政府应该负起的责任。针对苗族的社会发展而言，应该从以下几个方面努力。

其一，加大扶贫力度，着力提升经济发展不均衡地域中的低端即木桶中的短板。尽管近年来政府在强调改善民生，增加农民收入，加强基本公共服务，提升少数民族地区的生产能力，改善欠发达地区的基础设施和生活水平等方面，做了大量工作，并取得了一定的成效。但改善民生不仅是为了纯粹的扶贫解困，或是将改善民生仅仅视作一种救助或安抚的手段。而应当着力于改善困难群众的生活状况，提高百姓的福利水平，真正让百姓得到来自经济社会发展所带来的好处。同时改善民生应该上升到一个新的高度，即促进机会均等，创造公正的社会环境以充分发挥人民群众的积极性和创造性。关于促进机会均等的一些做法，可以研究和借鉴北欧国家的经验。这些国家注重人力资本存量和劳动力的质量的提高，加强社会保障为国民提供安全稳定感，医疗卫生的普及，以提高国民健康水平，重视教育尤其是在职教育培训，使欧洲劳动力市场非常活跃。充分说明了北欧国家为什么具有国际一流竞争力原因。就苗族而言更需要获得在经济社会发展中的机会均等，尤其是在教育方面，迫切需要获得发展的机会，迫切需要获得教育资源的均等享有。

其二，扶贫"输血"的同时，激发起苗族人民的造血机能。我国扶贫策略，经历了从"输血"到"造血"的过程。20世纪80年代中期以前是以"输血"式扶贫为主，通过向贫困人口提供粮食、衣物等生活必需品来缓解贫困。20世纪80年代中期以后，反贫困战略转变，通过区域经济开发增强贫困地区的"造血"功能，为消除贫困创造条件。

这一扶贫战略的转型，的确为一些地区的发展带来了机会，却并没能为苗族经济的发展彻底打开"机会之窗"。因为在扶贫开发的实践中，扶贫资源被大量投入有利于经济增长的非农项目，有些项目与当地经济的关联度低，无法直接带动民族经济的发展，再加上苗族聚居区交通和信息闭塞、社会关系缺乏、文化素质低下等客观因素的制约，有的项目又盲目追求短期效益，不顾当地生态的承载力，造成严重的环境污染等。所以，尽管扶贫措施可以短时间内解决温饱问题，提高人均收入水平，苗族的温饱问题从长期来看还是没有得到根本解决。

苗族劳动者素质低的问题也会制约扶贫举措的实施，引起扶了又贫，贫了再扶的恶性循环。因此，不能仅仅把苗族群众看成消费者，视作只会接受馈赠而不懂创造的群体。更重要的是任何人的群体都具有生产和创造的能力，而这种能力需要外力的有效机制加以引导才能得以充分发挥。

其三，提高政府扶贫资金、扶贫救助的效率，最大限度地提高社会公平。政府所提供的公共产品，由过去的侧重于生活和生产服务等的有形产品，如教育、医疗和基础设施等公共服务，转变到更多地进行政策扶贫，如开放的、竞争性的市场机制，社会性流动机制等，以形成扶助少数民族地区的系统工程，从根本上改变其边缘化境地。当然，这一切必须通过改革来达成。因此改革的顶层设计和推动起着至关重要的作用，可以将其视作公共产品，而且是一项当前迫切而重要的公共产品。

从这个意义上来看，为适应苗族经济社会转型期的需要，从根本上帮助苗族摆脱对贫困陷阱的路径依赖。本书认为由政府提供的公共产品，必须坚持首先改善民生从而促进机会均等的实现。

第三，提高苗族的人力资本存量以破解经济困境

进入21世纪，苗族经济发展面临着新的更加艰巨的任务：一方面贫困程度达到最深，脱贫难度最大；另一方面，已初步脱贫的人口，还需进一步巩固温饱成果，降低返贫率。因此，提高苗族地区人

力资本存量，是使苗族地区经济达到真实有效发展的必由之路。

苗族的土地资源利用水平低，生产技术落后，人力资本存量水平低等时机问题，归根结底就是苗族劳动者素质问题。劳动者素质制约了苗族经济的发展是不争的事实。因此提高劳动者素质以打开苗族经济发展"机会之窗"，需要依赖苗族内部和国家政策两方面的共同努力。

首先，必须建立适合苗族聚居区特点的相关发展政策措施。如国家在基础设施建设、资金投入、市场管理等方面对苗族聚居地区有一定的倾斜。

其次，提高劳动者素质的核心在于教育。以往的苗族地区政府所关注的教育问题都是识不识字的文盲问题，而现在制约苗族人力资源发展的问题已经变成了文化水平低的问题。苗族的文化程度普遍以小学初中为主的现状，也成为劳动者劳动素质低的主要问题。

再次，在苗族聚居区，政府除了要进行文化扫盲之外，还要进行科技扫盲。把先进地区的生产技术带到落后的苗族聚居区，使劳动者在经过一段时间的培训之后掌握技术并运用到劳动生产中去。

最后，依托政府与市场的有机结合。在现代市场经济条件下，明确政府与市场在人力资本增长中的正确定位，充分发挥计划与市场对苗族人力资本的调节作用，对于推动苗族经济发展具有十分重要的作用。社会主义国家的性质也决定了一个地区、一个民族的人力资本的发展必须在政府的有效监督和引导下得以实行。因此，政府在整个苗族地区人力资本发展过程中具有核心制度作用和行政监督责任。

苗族人力资本发展问题需要大力依托政府，因此，必须转变政府职能，使政府真正做到"有所为有所不为"，把该管的事管好，把不该管和管不了的事放给市场各微观主体。在人力资本发展过程中，政府的职能主要是：制定发展战略、政策和整体运行规则；进行人力资本存量监测，确定发展目标，对重大项目进行决策；加大教育资金在财政支出中的比重，社会保障制度的建立和完善；调整产业政策、税收政策和信贷政策等，吸引更多的扶贫资金投入；加强扶贫资金与扶贫项目的管理和监督，规范发展主体的行为等。而在人力资源的具体运行、资金的具体经营使用中，则必须引入市场机制。通过市场使资源的配置效率达到最大实效。

市场经济体制是我国21世纪经济的大环境，苗族人力资本发展不能超越这种大环境而孤立进行。因此，要重视市场在人力资本发展中的作用。要促进苗族地区人力资本市场化，通过外力的推动，冲破地区人力资本自给自足的"低水平均衡陷阱"，提高贫困地区人力资本的市场需求，培育和发展市场体系。也可以通过市场进行人才引进，注重人力资源开发，使人力资本的存量得到确实的提高。人力资本发展依托市场经济体制，发挥其微观领域配置资源的作用，实现公平与效率的统一。

第四，通过政策引导激发苗族人力资本发展内在动力机制

发展苗族经济，苗族自身才是彻底根治贫困的主力军。没有千百万苗族群众的积极参与，政府的发展计划终究难以真正实施，经济发展的长远目标难以实现。

在治理落后地区的工作中，不少地方不少人存在着一种思想误区，即把落后看成负担，也就是说，把开发苗族地区人力资本发展地区教育简单地理解为从人道主义出发的一种"帮贫""恩赐"，或者是一种单一的政府工作。在这种理念的影响下，政府和社会关心的是如何尽快完成扫盲指标，没有把扫盲行动本身视为社会经济发展战略的重要部分，从苗族的根本利益出发，扎扎实实地帮助苗族提高其自身素质。而苗族民众也视上级政府和外界的其他援助者为"救世主"，一味地依靠外部支援。由于处于被动接受者的地位，有一口吃一口，有一分花一分，缺乏主体意识和进取精神，使得自我救助的意识难以形成，地区经济的落后面貌仍未得到改善，返贫率居高不下。因此，有效的反贫困机制中的核心是人力资源开发，启动苗族社会的内在动力，发挥其自身力量以突破历史原因和自然环境不利造成的困境，是政府特别应该给予关注的。

其一，增强民族整体意识，提高其自身的自觉性。一方面，苗族应在人力资本开发项目的选择、实施、监督和评估中享有充分的权利，表达自己的意愿和诉求，真正认识到项目的建设和使用所带来的

利益。这样就能增强苗族群体内部的责任感和自主意识，提高其参与人力资本开发的主动性。制定村级规划，是一种开发地区人力资本的制度安排，有利于提高民族的自主意识。另一方面，在开发人力资本行动中，应不断激发苗族群众产生新的需求，不断追求新的目标，使他们树立积极进取的精神，刺激技术增长，从而增强人力资本的自我积累和自我发展的内在动力。

其二，增加资本投入，提高人力资本存量的有效性。发展经济学家西奥多·舒尔茨的著名命题——"贫穷而有效率"，把传统农业部门的小农看作理性的经济人①；罗伯特·西蒙则提出"小农有限理性"说，认为小农实际追求的是效用最大化。在信息不完全、风险和不确定性的环境中，小农不得不在较小风险和较多收入之间进行谨慎权衡，最终追求的是风险较低的稳定收入，尽管这种收入十分微薄。这样的"理性"选择，也显示出了苗族社会经济的脆弱性。苗族只是进行选择的能力较低。加强对苗族地区的资本投入，提高他们获取信息和抵御风险的能力，有利于激发他们发展自身，从而成为反贫困的主力军。

其三，建立区域人力资本组织。苗族地区的乡村组织体系是非常松散的，首先地理环境造成居住分散，其次各自都处于自给自足、靠天吃饭的生产生活环境中，分工程度低，相互间缺乏相互联系的必要。这样既削弱了苗族获取和有效利用外部资源、信息机会的能力，也降低了抵御各种风险能力。因此，必须引导苗族聚居区的组织创新，这是一种社会资本的投资与积累，直接影响到苗族的社会地位和参与程度。可以建立以一定区域为基础的，代表区域内苗族共同利益的人力资源合作组织，使之成为苗族与政府的中介，苗族社会与外界组织和市场的中介，从而发挥组织的整合力，参与市场竞争，发展民族经济、打开民族经济发展的"机会之窗"。

第五，形成扶贫资源的高效传递和防漏机制

人力资源开发是在市场经济体制下展开的，参与其中的各个行为

---

① 夏英：《贫困与发展》，人民出版社 1995 年版，第 93—95 页。

主体都有各自的经济利益，要达到公平与效率相统一，保证民族经济发展目标的实现，必须加强法制和各种规章制度的建设，规范各参与主体的行为，完善人力资本发展约束机制。

其一，加强人力资源开发制度建设。人力资源开发主要以政府为主体对地区教育、文化事业进行投入的举措。在市场经济条件下，由于苗族人力资源开发的长期性和复杂性，要确定社会各有关主体在人力资源开发中的责任、权利和利益，规范开发项目的监测机制和管理机构的工作程序，透明人力资源开发资金的筹措及其使用过程，协调人力资源开发与社会经济发展等，都需要建立起规范的法制管理。有必要制定专门的法律法规，使苗族地区的人力资本开发从临时性、突击性的任务，转变为规范化、制度化的长期性工作。

其二，将人力资本发展问题纳入地区政绩评价体系之中。单纯以地方的经济社会综合实力、经济发展速度和经济效益指标等作为评价政绩的标准，容易导致短期行为，急功近利，这也是当前行政的问题所在。因此，对苗族地区各级政府政绩的评价，还应重点考察对苗族人力资本存量水平提升的贡献。只有这样，才能切实有效解决苗族当前人力资本存量和整体人口素质低的现状。

其三，要加强苗族人力资本存量监督。对人力资本的存量监督，是为了切实了解地区人力资本配置的实际情况，为苗族经济发展建立确实可靠的发展战略。只有实时地对苗族地区人力资本存量，人才流动，人才配置进行监督，才能根据实际情况为地区经济发展制定切实有效的发展战略，为苗族地区人力资本的进一步开发策略的设计奠定基础。因此，加强苗族人力资本的存量监督也是地区政府工作中不可忽略的重点。

第六，加大教育投入是根治困境与改变路径依赖的根本

著名学者梁漱溟在其拟订的《邹平实验计划》中指出："吾国民生穷困，其要点实在于知识技能之缺乏，纵有资金，亦难运用；且因循而流于懒惰，以致利弃于地，力余其身。"[①] 于是，他认为"乡村

———————

① 梁漱溟：《乡村建设大意》，邹平乡村书店出版 1936 年版，第 608 页。

建设之教育一面，眼前可做之事甚多，而要民众教育为先，小学教育在其次。民众教育随在可施，要以提高一般民众之知能为主旨，经济一面、政治一面之得有些微进行，统赖于此"①。他之所以如此重视我国的乡村建设，在于中国 80% 以上人口住在乡村，过着乡村生活，中国是一个以乡村为本的社会。从一定意义而言，当前社会经济发展的关键在于城镇化，在于解决三农问题。农村和农业问题也是中国最迫切需要解决的问题。而要解决这些问题还在于以教育为先，提高乡村人口素质。

在社会上升的阶梯中，对于生活在社会底层的那些乡村群体来说，教育也是唯一可用来改变自身命运的途径，也被视为唯一正当和合法的个人上升阶梯。于是，太多的人为挣脱底层的生活，拥挤在这狭窄又漫长的教育阶梯上，拼命地向上爬，希望通过读书改变命运，改变底层落后贫困的穷人生活。然而在教育这条狭长的阶梯上并非一帆风顺，往往需要付出巨大的投入，其过程也极为艰辛，而预期的回报却遥遥无期。于是许许多多的人对教育失望进而自暴自弃。英国著名经济学家 A. P. 瑟尔瓦尔说过："教育对于个人和社会，无疑是有利的，但也会带来发展中的困难。教育为个人获得知识、技艺和能力成为可能，从而促进社会生产率的提高。但同时也传授了对社会发展不利的价值观和意愿，造成社会的不平等。"②

事实上，苗族的贫困、落后，发展困境等，皆归根于教育的不足，或许苗族自身已意识到了这问题的严峻。之所以仍旧漠视，继而形成轻视教育的传统惯性，除却经济的拮据，还涉及来自苗族社会、文化和心理等方面的因素，这些制约因素的相互影响相互作用。首先，苗族本身受历史的、主客观因素等的影响。历史上苗族不断地大规模迁徙，使教育不能如其他民族那样正常进行。人们于是较关心眼前的既得利益，不愿意对教育这样长远利益进行长期投资。其次，对于当前贫穷的苗族群众来说，教育并不能立刻为他们带来好处，相反

---

① 梁漱溟：《乡村建设大意》，邹平乡村书店出版 1936 年版，第 609 页。

② ［英］A. P. 瑟尔瓦尔：《增长与发展》，金碚等译，中国人民大学出版社 1992 年版，第 32 页。

是持续的支出，对于大多数贫穷的苗族家庭来说，无疑是巨大的负担。他们也明白教育是一种投资，在不太遥远的未来可以获得回报和收益，但他们还是觉得太遥远了，因为在连眼下基本的温饱都未解决的情况，何谈为远景的教育投资。因此，教育无用论的观念在苗族内部根深蒂固，尤其是在极度贫困的苗族聚居地区。于是他们时常采用自发形式来完成生产和生活需要的学习，这种自发教育是孩子通过家庭，或观察成人劳动的经验而获得。正如费孝通先生所言："乡土社会的全部文化，可以通过在亲子之间传授无遗。个人在生产和生活中遇到的问题，必然能从比他年长者处获得解决问题的经验和知识，只因身临同一环境，同道而行。"① 再次，在目前的苗族农业生产中，仍然以单一作物为主，耕作技术、生产和生活经验一般可以满足日常生活生产的需要。而具有相对较高文化水平的个人如果回到这样的环境里从事农业耕作，似乎他所学到文化知识也难以起到应有的作用。最后，那些接受较高教育（初中、高中、中专）的回村青年，在农业生产上远不如他们文盲、半文盲的父母，以及他们同村未曾有机会接受教育的同龄人。源于这样的实际，苗族投资于教育的偏好大大减弱。

所以，苗族的贫困，从深层剖析还是价值观念在起作用。这涉及社会的、文化的和心理的等多方面的因素，经长期积淀和发展，已经形成了一种具有自我强化的路径依赖，体现为固定的思维模式和价值取向，顽固的文化习俗和意识形态等，换言之即是贫困文化的路径依赖。苗族人自身已经很难从这种贫困的惯性之中摆脱出来。然而，这种意识形态已成为对贫困的一种适应，于是处于这种环境中的主体根本无法察觉到它对自身的影响，但它已经自我强化地时刻影响着身处其中的这个群体。正如沃尔曼（S. Wallman）所言"甘于贫困者，对于有助于其发展和摆脱贫困境地的任何有利条件都无动于衷，于是深陷贫困的泥淖之中，再陷入贫困之沼泽"②。探索苗族的贫困，必须

---

① 费孝通：《乡土中国　生育制度》，北京大学出版社 1998 年版，第 122 页。
② ［英］S. 沃尔曼：《发展概念》，英国剑桥大学出版社 1977 年版，第 127 页。　.

深入苗族价值体系之中，进一步探析他们的"贫困文化"。从一定意义上来说，苗族人口质量不高，苗族贫困现状的根源，同时也是苗族贫困的结果。而苗族贫困地区要脱贫，走出对贫困文化的路径依赖，必须着力于提高人口质量，通过教育以提高整个民族的人口质量，从而形成真正的"造血"机制。

很显然，苗族的农业发展还处于要素驱动阶段，全民族人力资本的提高是摆脱发展困境和对旧有路径依赖的关键。加大教育投入是苗族必须当下着手的工作，也是苗族自身需要长期坚持的工作。政府要保证义务教育的全面普及有效实施，有针对性地提高职业教育以及高等国民教育的开放性，以促进苗族人力教育发展，从而提高整个民族的人口质量与人力资本存量，改善苗族广大群众参与社会建设的能力。在我国改革深入、人人参与全面建设小康社会、新农村建设的背景下，长久而持续的教育投资于苗族来说至关重要，苗族人力资本的提升将大大促进苗族农业可持续发展，更为苗族摆脱发展困境与路径依赖提供推动力量。

总之，随着当前改革开放的进一步深化，市场经济已经为苗族架构了"机会之窗"，苗族只有凭借破解旧有路径依赖、提高劳动者素质将之打开，才能为民族经济的发展奠定坚实的基础。

第七章　结论

第一节　主要结论归纳

通过对 170 个苗族村的样本数据进行统计与实证分析，揭示了当前苗族农业的发展现状。苗族经济社会发展远远落后于当今时代，苗族农业发展的困境主要表现在四个方面：

- 农业资源占有量少，生产效率低；
- 生产技术落后，组织与配置利用能力弱；
- 与资本、技术等要素相比，土地的边际生产率高；
- 人力资本存量水平低，对农业发展的驱动力弱。

改革开放 30 多年来，国家和各级政府为加快少数民族和民族地区的发展，不断加大扶持力度。由于苗族自身的局限性，仍未能完全摆脱发展的困境，希望能够借助时代发展的历史性机遇，从政府与苗族自身两方面的力量共同作用下（政府是外力助推，苗族自身是内力激发），着力于提高苗族人力资本存量，提升苗族人力资本积累能力。通过两方面的力量使苗族摆脱对当前发展路径的依赖，转变其落后的农业发展方式。具体政策建议如下。

第一，苗族自身应抓住时代赋予的"机会之窗"

市场经济的实施，社会的进步，使得资源的配置更为合理也更加高效的同时，也为苗族经济的发展带来了机遇和挑战，是苗族经济困境打开"机会之窗"的良好时机。苗族本身应抓住时代赋予的"机会之窗"，并在苗族发展的机会链条上逐步适时将其打开，以摆脱当前苗族发展对旧有路径的依赖。

第二，营造公正的社会环境以促进机会均等

创造机会均等环境是一项公共产品，政府应该负起责任。改善民生应该上升到促进机会均等，创造公正的社会环境，以充分发挥人民群众的积极性和创造性。

其一，加大扶贫力度，着力提升经济发展不均衡地域中的低端即木桶中的短板。苗族更需要获得在经济社会发展中的机会均等，迫切需要获得发展的机会，迫切需要获得教育资源等方面的均等享有。

其二，扶贫"输血"的同时，激发起造血机能。非农项目或与当地经济的关联度低的项目，无法直接带动民族经济的发展。再加上苗族聚居区交通和信息闭塞、社会关系缺乏、文化素质低下的客观因素的制约，盲目追求短期效率，不顾当地生态的承载力，造成严重的环境污染等。所以，容易形成扶了又贫，贫了再扶的恶性循环。任何群体都具有生产和创造的能力，需要外力的有效机制加以引导得以充分发挥。苗族群体也是如此，他们是创造者，也是生产者，有能力通过自己的努力提高收入和消费水平，也能通过生产和创造过程获得更大的乐趣。

其三，提高政府扶贫资金、扶贫救助的效率，最大限度地提高社会公平。可以从更高层次出发，如开放的、竞争性的市场机制，社会性流动机制等，以形成扶助少数民族地区的系统工程，从根本上改变其边缘化境地，摆脱对贫困陷阱的路径依赖。

第三，提高苗族的人力资本存量以破解经济困境

苗族的土地资源利用水平低，生产技术落后，人力资本存量水平低等时机问题，归根结底就是苗族劳动者素质问题。因此提高劳动者素质以打开苗族经济发展"机会之窗"，需要依赖苗族内部和国家政策两方面的共同努力。

首先，建立适合苗族聚居区特点的教育发展措施。如国家在基础设施建设、资金投入、市场管理等方面对苗族聚居地区有一定的倾斜。

其次，文化扫盲的同时，进行科技扫盲。要改变成人劳动者普遍

以小学、初中为主的现状，同时大力把生产技术向落后的苗族聚居区推广。

最后，依托政府与市场的有机结合。政府真正做到"有所为有所不为"，把该管的事管好，把不该管和管不了的事放给市场各微观主体。而在人力资源的具体运行、资金的具体经营使用中，则可以通过市场使资源的配置效率达到最大实效。

第四，通过政策引导激发苗族人力资本发展内在动力

苗族自身是彻底根治贫困的主力军。政府把救助简单地理解为"帮贫""恩赐"，民众则缺乏主体意识和进取精神，返贫率居高不下。因此，有效的反贫困机制中的核心是人力资源开发，要启动苗族社会的内在动力。

其一，增强民族整体意识，提高其自身的自觉性。苗族应在人力资本开发项目的选择、实施、监督和评估中享有充分的权利，表达自己的意愿和诉求，真正认识到项目的建设和使用所带来的利益，以增强苗族群体内部的责任感和自主意识，提高其参与人力资本开发的主动性。政府则应不断激发苗族群众产生新的需求，不断追求新的目标，使他们树立积极进取的精神，刺激技术增长，从而增强人力资本的自我积累和自我发展的内在动力。

其二，增加资本投入，提高人力资本存量的有效性。在信息不通畅、风险不确定性的环境中，苗族进行选择的能力较低。加强对资本投入，提高他们获取信息和抵御风险的能力，有利于激发自身发展，从而成为反贫困的主力军。

其三，建立区域人力资本组织。居住分散，自给自足、靠天吃饭的生产生活环境，既削弱了获取和有效利用外部资源、信息机会的能力，也降低了抵御各种风险能力。建立以一定区域为基础的，代表区域内共同利益的人力资源合作组织，发挥组织的整合力，参与市场竞争，发展民族经济。

第五，形成扶贫资源的高效传递和防漏机制

达到公平与效率相统一，保证民族经济发展目标的实现，必须规范各参与主体的行为，完善人力资本发展约束机制。

其一，加强人力资源开发制度建设。确定社会各有关主体在人力资源开发中的责任、权利和利益，规范开发项目的监测机制和管理机构的工作程序，透明人力资源开发资金的筹措及其使用过程，协调人力资源开发与社会经济发展等。使临时性、突击性的任务，转变为规范化、制度化的长期性工作。

其二，将人力资本发展问题纳入地区政绩评价体系之中。目前评价政绩的标准，容易导致短期行为，急功近利。应重点考察对人力资本存量水平提升的贡献等，确实解决苗族当前整体人口素质低的现状。

其三，加强人力资本存量监督。对苗族地区人力资本存量，人才流动，人才配置进行实时监督，根据实际情况为制定切实有效的发展战略，为进一步开发苗族地区人力资本的策略设计奠定基础。

第六，加大教育投入是根治困境与改变路径依赖的根本

中国是一个以乡村为本的社会。当前社会经济发展的关键在于城镇化，在于解决三农问题。解决这些问题关键在于以教育为先。在教育这条狭长的阶梯上，需要付出巨大的投入，而预期回报却遥遥无期，致使许多贫困者无心亦不敢抱有任何的幻想。苗族的贫困落后，皆起因于教育的不足。轻视教育的传统惯性，除却经济的拮据，还涉及更广泛和深层的原因。教育无用论在极度贫困的苗族聚居地区根深蒂固。目前的苗族农业生产中仍然以单一作物为主，传统的耕作知识、生产和生活经验足以满足需要，那些接受了较高教育（初中、高中、中专）的青年回村后亦无用武之地，这些都使苗族民众投资于教育的偏好大大减弱。所以，苗族人口质量不高，既是苗族贫困的根源，又是苗族贫困的结果。苗族的农业发展还处于要素驱动阶段，全民族人力资本的提高是摆脱发展困境和贫困的关键。加大教育投入是苗族必须当下着手的工作，也是苗族自身需要长期坚持。政府要保证义务教育的全面普及有效实施，有针对性地提高职业教育以及高等国民教育的开放性，以促进苗族人力教育发展，从而提高整个民族的人口质量与人力资本存量，提高苗族广大群众参与经济社会建设的能力。

　　总之，在我国改革深入、人人参与全面建设小康社会的背景下，长久而持续的教育投资于苗族来说至关重要，苗族人力资本的提升将大大促进苗族的农业可持续发展，更为苗族摆脱发展困境与路径依赖提供推动力量。随着当前改革开放的进一步深化，市场经济已经为苗族架构了"机会之窗"，苗族只有凭借破解旧有路径依赖，提高劳动者素质将之打开，为民族经济的发展奠定坚实的基础。促进苗族地区人力资本市场化，通过外力的推动，冲破地区人力资本自给自足的"低水平均衡陷阱"，提高贫困地区人力资本的市场需求，培育和发展市场体系，实现公平与效率的统一。

第二节　本书局限与待续研究

　　首先，本书局限在于凭借云南省170个苗族村的数据建模，所得结论多体现云南地区苗族农业特点，比之全国苗族境遇存在一定差异。其次，转型时期苗族农业受到负面路径依赖的制约，涉及社会意识形态和经济基础两方面的诸多问题，本书并未一一展开进行学理性分析。关于后续，转型时期苗族经济发展遭遇瓶颈，其对经济负面路径依赖的研究问题，还有待进一步深入；而对于其余苗族聚居区的具体地区研究也有必要进行深入，以更全面地完成苗族经济发展的探索。总之，希望能以此文抛砖引玉，引起国内学者对于当下苗族经济现状的重视，为苗族经济发展的理论研究添砖加瓦。

附　　录

附录 A　苗族村农业调查方案

调查对象

以云南省文山市 187 个苗族村为调查对象。村和家庭是农业生产最基本的基层组织和生产单位,以村和家庭为调查对象可以更贴切地反映苗族农业经济发展的现实状况。

调查意义和目的

本调查基于博士学位论文选题《透过"机会之窗"分析苗族经济困境与路径依赖》而进行的专题性调查,目的在于获取论文选题所需的第一手资料和数据。通过对苗族农业经济效果评价指标进行比较分析、实证分析和要素分析,揭示苗族农业经济效率现状。并结合苗族特有的历史文化背景,探析苗族农业经济发展存在的问题及对策。

调查内容

地理环境

1. 自然条件:地理、地貌、气候特点
2. 生态环境:过度开垦荒山、植被破坏、水土流失、森林等

人口

1. 该村总人口、年龄结构（儿童、青年、中年、老年）、男女比例、劳动力、从事农业生产人口比例

2. 家庭人口组成

教育

1. 该村历年来受教育情况（尽可能获取相关数据）

2. 各年龄段受教育情况

（1）九年义务教育

（2）高中阶段教育情况（多少人，占总人口比例多少）

（3）高等教育情况（多少人，占总人口比例多少）

（4）各类职业教育

3. 进行农业生产经营的劳动力文化层次

4. 家庭子女受教育情况

5. 父母对子女教育的观念

农业基础设施

1. 人居环境，农户生活水平，人畜饮水等

2. 交通状况

3. 农业设施（水利灌溉设施）

农业发展现状

1. 农业

（1）农作物种植构成（玉米、水稻、荞麦、小麦、大豆等）

（2）农业人口，人均亩产，单位投入，农产品市场，劳动力效益，劳动力年龄构成、知识文化层次

（3）特色农业

2. 林业（果园、茶园、其他经济林业）

3. 畜牧业

4. 渔业

5. 现代农业生产技术的运用（拖拉机、打谷机、播种机的使用情况，新的农业种植、养殖方式，生产模式，以及新农业技术的使用）

土地状况

1. 土地总面积（亩），该村人均占有土地面积。耕地、经济林地、草地、农田水利用地、其他用途土地比例等

2. 家庭农业土地使用情况：人均耕地，人均林地，农业生产土地结构组成（水田、雷响田、旱地）

3. 退耕还林还草

4. 集体公共土地多少，人均占有

收入支出

1. 家庭总收入，年人均收入

2. 收入来源构成

（1）种植业收入

（2）养殖业收入

（3）外出务工收入

（4）其他收入

3. 农业投资支出构成

（1）生活消费支出

（2）生产投入支出（种子、化肥、农药、农膜、其他物资费用、劳动力费用）

政府对苗族农业发展的相关扶持政策

调查方法

根据调查目的，我们采用重点调查，其具体调查方法如下：

1. 农户访问。通过与被调查者面对面直接接触，了解苗族农户实际生产情况。

2. 实地考察。到所调查的农村区域进行实地考察。

3. 问卷调查。以问卷形式收集资料。

4. 相关专家学者访谈。

附录 B　苗族村农业经济情况调查问卷

调查时间：_____
填空题

1. 你所在村属于_____乡（镇），村名_____，苗语村名叫_____，你村离最近的镇（乡）街市是_____，有____公里，走路约____小时。

2. 你所在村苗族有____户，总人口_____人。其中，男性人口____人，女性人口____人；20 岁以下男性____人，20 岁至 40 岁男性____人，40 岁至 60 岁男性____人，60 岁以上男性____人，20 岁以下女性____人，20 岁至 40 岁女性____人，40 岁至 60 岁女性____人，60 岁以上女性____人。

3. 小学文化____人，其中，男____人，女____人；20 岁以下____人，男____人，女____人；20 岁至 40 岁____人，男____人，女____人；40 岁至 60 岁____人，男____人，女____人；

初中文化____人，其中，男____人，女____人；20 岁以下____人，男____人，女____人；20 岁至 40 岁____人，男____人，女____人；40 岁至 60 岁____人，男____人，女____人；

高中（或中专）文化者有____人，其中，男____人，女____人；20 岁以下____人，男____人，女____人；20 岁至 40 岁____人，男____人，女____人；40 岁至 60 岁____人，男____人，女____人；

专科、本科及以上文化____人，其中，男____人，女____人。

4. 登记承包土地_____亩，人均____亩。其中，耕地____亩，水田____亩。

5. 村平均粮食产量：水稻亩产_____公斤，玉米亩产_____公斤，小麦亩产_____公斤，大豆亩产_____公斤。

6. 林改登记林地＿＿＿＿＿＿亩，人均＿＿＿亩。集体森林＿＿＿＿＿＿亩，人均＿＿＿亩。

7. 全村牛＿＿＿头、马＿＿＿匹、羊＿＿＿只、猪＿＿＿头，全部大体估价＿＿＿万元；村人均牛＿＿＿头、马＿＿＿匹、羊＿＿＿只、猪＿＿＿头。

8. 你村常年以粮食种植的有＿＿＿户，以经济作物种植、畜牧养殖为主的专业（或大）户有＿＿＿户，常年以经商为业的有＿＿＿户，村办集体企业＿＿＿个，年经济规模约＿＿＿＿＿＿万元，村人均纯收入大约＿＿＿元，你村平均生活水平大体属于＿＿＿＿＿＿＿＿（小康、自足、温饱线、其他）。

9. 你每年在农业生产中的总投入是＿＿＿＿＿＿元；种子费用＿＿＿＿＿＿元，肥料＿＿＿元，农药＿＿＿＿＿＿元，农膜＿＿＿＿＿＿元，人工费用＿＿＿元，其他费用＿＿＿＿＿＿＿＿元。

10. 你每年的消费总支出约为＿＿＿＿＿＿＿＿元。

11. 你家每年的总收入为＿＿＿＿＿＿＿＿元，农产品收入＿＿＿＿＿＿＿＿元，畜牧业收入＿＿＿＿＿＿＿＿元，养殖业＿＿＿＿＿＿＿＿元，外出打工＿＿＿＿＿＿＿＿元。

12. 2007 年 1 月 1 日至 2009 年 12 月 31 日外出打工人数＿＿＿人，占你村青壮年人口的＿＿＿％，2009 年度外出务工＿＿＿人，占你村青壮年人口的＿＿＿％。

13. 你村是否通电？＿＿＿，是＿＿＿＿＿＿年通电的，是否完成电网改造？＿＿＿，是＿＿＿年完成改造的？是否通水＿＿＿＿＿＿＿＿（井水、塘子水、水窖、自来水），如果是自来水和水窖，是＿＿＿＿＿＿＿年（政府投资、自己筹资、政府投资与农民投资相结合、其他方式）建设完成的。

不定向选择题

1. 你所在村子的经济状况与过去的十年相比：

A. 改善很多　B. 改善一点　C. 没有明显变化　D. 不如过去

2. 你村是否通公路？

A. 通（注：请注明柏油路、水泥路、沙石路、一般土路）

B. 不通

3. 你村是否列为新农村建设或小康村项目建设？

A. 已是新农村或小康村

B. 已列，但未建设

C. 未列，但村民希望政府尽快组织实施

D. 不知道

4. 你认为当前苗族农民最盼望解决的主要问题是什么？

A. 发展生产，提高产业化水平

B. 减少生产成本，增加收入

C. 农村水利、道路、沼气、安全饮水等基础设施建设

D. 农村教育、卫生、文化体育等公共服务

5. 你认为当前苗族农民思想上存在的突出问题是什么？

A. 重男轻女，读书无用论

B. 对国家民族政策不了解，需要政府进一步加强宣传

C. 脱贫致富信心不足，办法不多

D. 不供孩子读书还好，让孩子读书就变得更穷

F. 其他（请注明）＿＿＿＿＿＿＿＿＿＿＿＿＿＿

6. 你认为当前苗族农民的重要消费是什么？

A. 生产投入

B. 盖新房购家具

C. 生活必需品消费

D. 孩子上学

E. 看病住院

F. 其他（请注明）＿＿＿＿＿＿＿＿＿＿＿＿＿＿

7. 你认为当前苗族村急需解决的问题是什么？

A. 普遍建立农村低保

B. 建立农民养老保险制度

C. 建立农村合作医疗网络

D. 解决失地农民就业问题

E. 解决农民增收问题

F. 建立上大学救助制度

H. 其他（请注明）＿＿＿＿＿＿＿＿＿＿＿＿＿＿

8. 你认为苗族村改善最多的地方在哪里？

A. 交通设施

B. 住房条件（包括用水、用电的方便程度）

C. 消费品种增多，生活水平显著提高

D. 农用设施，新种植、养殖技术的应用

E. 文化、教育

简答题

1. 你认为苗族农民当前发展生产最大的难题是什么？（请用自己的话列举两项以上）

2. 你认为当前影响苗族农民增加收入的主要因素是什么？（请用自己的话列举两项以上）

3. 你认为当前影响苗族农业经济发展的主要原因是什么？

参考文献

［1］白菊红：《农村人力资本积累与农民收入研究》，中国农业出版社 2004 年版。

［2］曹征海：《和合加速论—当代民族经济发展战略研究》，民族出版社 2005 年版。

［3］岑秀文：《苗族》，民族出版社 1993 年版。

［4］陈圣飞：《地区间农业生产率的差异及成因分析》，《经济问题》2001 年第 3 期。

［5］陈卫平：《中国农业生产率增长、技术进步与效率变化》，《中国农村观察》2006 年第 1 期。

［6］程恩富、胡乐明：《新制度经济学》，经济日报出版社 2005 年版。

［7］邓心安、王世杰、姚庆筱：《生物经济与农业未来》，商务印书馆 2006 年版。

［8］冯海发：《中国农业总要素生产率变动趋势及增长模式》，《经济研究》1990 年第 5 期。

［9］冯海发：《总要素生产率与农业发展》，《当代经济科学》1993 年第 2 期。

［10］顾海、孟令杰：《中国农业 TFP 的增长及其构成》，《数量经济技术经济研究》2002 年第 10 期。

［11］贵州省编辑组编：《中国少数民族社会历史调查资料丛刊》苗族社会历史调查（一），贵州民族出版社 1986 年版。

［12］贵州省编辑组编：《中国少数民族社会历史调查资料丛刊》苗

族社会历史调查（二），贵州民族出版社 1987 年版。

［13］贵州省编辑组编：《中国少数民族社会历史调查资料丛刊》苗族社会历史调查（三），贵州民族出版社 1987 年版。

［14］贵州省苗学会编：《王朝文文集：苗学研究与苗族发展》，贵州人民出版社 2008 年版。

［15］国家民委经济司、国家统计局国民经济综合统计司：《中国民族统计年鉴之十一——人民生活》，中国统计出版社 1997 年版。

［16］国家统计局：《中国统计年鉴 2010 年》，中国统计出版社 2010 年版。

［17］国家统计局：《 中华人民共和国 2009 年国民经济和社会发展统计公报》，中国统计出版社 2010 年版。

［18］国家统计局人口和社会科技统计司、国家民族事务委员会经济发展司编：《2000 年人口普查中国民族人口资料》，民族出版社 2003 年版。

［19］国务院发展研究中心农村部综合研究课题组：《中国农村改革与市场经济——纪念中国农村改革二十年》，《管理世界》1999 年第 2 期。

［20］何积全：《苗族文化研究》，贵州人民出版社 1999 年版。

［21］胡华江：《农业生产率的综合指数法》，《农村经济》2002 年第 4 期。

［22］胡华江：《我国农业综合生产率地区差异分析》，《农业技术经济》2002 年第 3 期。

［23］胡起望、李廷贵：《苗族研究论丛》，贵州民族出版社 1988 年版。

［24］胡瑞文：《中国教育与人力资源问题报告》，《教育发展研究》2003 年第 4 期。

［25］姜志德：《中国土地资源可持续利用战略研究》，中国农业出版社 2004 年版。

［26］李建明：《人力资本通论》，上海三联书店 1999 年版。

［27］李静：《中国省区经济增长进程中的生产率角色研究》，博士学位论文，南京农业大学 2006 年。

［28］李姗泽：《生育文化的田野调查与教育内涵分析：沾益炎方苗族教育人类学解读》，西南师范大学出版社 2002 年版。

［29］李廷贵、张山、周光大：《苗族历史与文化》，中央民族大学出版社 1996 年版。

［30］林毅夫：《制度、技术与中国农村发展》，上海三联书店、上海人民出版社 1994 年版。

［31］凌纯声、芮逸夫：《湘西苗族调查报告》，民族出版社 2003 年版。

［32］龙江莉：《云南苗族口传非物质文化遗产提要，Synopsis of Oral Intangible Cultural Heritages of Miao Nationality in Yunnan Province》，云南民族出版社 2006 年版。

［33］罗廷华、余岛：《贵州苗族教育研究》，贵州民族出版社 1999 年版。

［34］罗义群：《苗族文化与屈赋》，中央民族大学出版社 1997 年版。

［35］马世骏：《中国现代生态学透视》，科学出版社 1990 年版。

［36］马歇尔：《经济学原理上卷》，商务印书馆 1987 年版。

［37］毛育刚：《中国农业演变之探索》，社会科学文献出版社 2001 年版。

［38］孟令杰、顾焕章：《度量生产率变化的非参数方法》，《数量经济技术经济研究》2001 年第 2 期。

［39］苗族简史编写组：《苗族简史》，贵州民族出版社 1985 年版 。

［40］钱忠好：《中国农村土地制度变迁和创新研究》（续），社会科学文献出版社 2005 年版。

［41］黔东南州民族研究所：《中国苗族民俗》，贵州人民出版社 1990 年版。

［42］沈迭尊：《试论农业规模经济的技术经济意义》，《农业技术经济》1989 年第 3 期。

［43］沈利生：《人力资本与经济增长分析》，社会科学文献出版社

1999 年版。

［44］石朝江、石莉：《中国苗族哲学社会思想史》，贵州人民出版社
2005 年版。

［45］石朝江：《世界苗族迁徙史》，贵州人民出版社 2006 年版。

［46］石茂明：《跨国苗族研究民族与国家的边界》，民族出版社 2004
年版。

［47］田兴秀：《三本论：苗族生成哲学精髓解析》，云南人民出版社
2004 年版。

［48］涂正革、肖耿：《中国的工业生产力革命——用随机前沿生产
模型对中国大中型工业企业全要素生产率增长的分解及分析》，
《经济研究》2005 年第 3 期。

［49］王东月：《论农业产业化和规模经营》，《湖北社会科学》2004
年第 5 期。

［50］王争、史晋川：《转型时期中国工业生产绩效的地区差异及波
动性的解释——基于随机前沿生产函数的分析》，《世界经济文
汇》2007 年第 4 期。

［51］王争、郑京海、史晋川：《中国地区工业生产绩效：结构差异、
制度冲击及动态表现》，《经济研究》2006 年第 11 期。

［52］文山州民委：《文山州民族志》，云南民族出版社 2005 年版。

［53］文山壮族苗族自治州概况编写组：《文山壮族苗族自治州概
况》，云南民族出版社 1986 年版。

［54］文山壮族苗族自治州苗学发展研究会编：《文山苗族》，云南民
族出版社 2008 年版。

［55］文新宇：《少数民族乡村治理的本土资源问题研究：贵州以贵州
苗族传统法文化为例》，贵州人民出版社 2007 年版。

［56］吴方卫、孟令杰、熊诗平：《中国农业的增长及效率》，上海财
经大学出版社 2000 年版。

［57］伍新福、龙伯亚：《苗史》，四川民族出版社 1992 年版。

［58］伍新福：《苗族历史探考》，贵州民族出版社 1992 年版。

［59］伍新福：《苗族文化史》，四川民族出版社 2000 年版。

［60］伍新福：《中国苗族通史》（上下册），贵州民族出版社 1999
年版。

［61］向国成、韩绍凤：《小农经济效率分工改进论》，中国经济出版
社 2007 年版。

［62］辛翔飞、秦富：《我国农业经济增长因素分析及地区差异比
较》，《新疆农垦经济》2005 年版。

［63］熊玉有：《苗族文化史》，云南民族出版社 2003 年版。

［64］徐晓光：《苗族习惯法的遗留、传承及其现代转型研究》，贵州
人民出版社 2005 年版。

［65］颜恩泉：《云南苗族传统文化的变迁》，云南人民出版社 1993
年版。

［66］杨从明：《理性农耕——大德苗族村的发展与变迁》，贵州人民
出版社 2006 年版。

［67］云南省民族学会苗学研究委员会编：《苗族的迁徙与文化》，云
南民族出版社 2006 年版。

［68］占俊英：《农业产业化与农业剩余劳动力转移》，《中南财经政
法大学学报》2004 年第 1 期。

［69］郑文凯、胡建锋：《农业适度规模经营的现实选择》，《瞭望经
济周刊》2006 年第 13 期。

［70］周述之：《民族地区经济社会发展的调查与思考——来自土家
族苗族之乡的报告》，中国社会出版社 1996 年版。

［71］沈利生：《人力资本与经济增长分析》，社会科学文献出版社
1999 年版。

［72］费孝通：《乡土中国生育制度》，北京大学出版社 1998 年版。

［73］［美］道格拉斯·C. 诺思：《制度、制度变迁与经济绩效》，杭
行译，三联书店 2008 年版。

［74］［澳］蒂莫西·J. 科埃利：《效率与生产率分析引论》，王忠玉
译，中国人民大学出版社 2008 年版。

［75］［瑞典］冈纳·缪尔达尔：《世界贫困的挑战——世界反贫困大
纲》，顾朝阳等译，北京经济学院出版社 1991 年版。

[76] ［德］李斯特:《政治经济学的国民体系》,陈万煦译,华夏出版社 1961 年版。

[77] ［美］加里·S. 贝克尔:《人力资本》,梁小民译,北京大学出版社 1987 年版。

[78] ［美］莱斯特·R. 布朗:《建设一个可持续发展的社会》,祝友三等译,科学技术文献出版社 1984 年版。

[79] ［美］罗伯特·M. 索洛:《经济增长因素分析》,史清琪等译,商务印书馆 2003 年版。

[80] ［美］西奥多·W. 舒尔茨:《改造传统农业》,梁小民译,商务印书馆 2003 年版。

[81] ［美］西奥多·W. 舒尔茨:《论人力资本投资》,吴珠华等译,北京经济学院出版社 1990 年版。

[82] ［英］李嘉图:《政治经济学及赋税原理》,郭大力等译,商务印书馆 1976 年版。

[83] ［英］亚当·斯密:《国民财富的性质和原因的研究》,郭大力等译,商务印书馆 1972 年版。

[84] ［英］威廉·配第:《政治算术》,马妍译,中国社会科学出版社 2010 年版。

[85] ［英］马歇尔:《经济学原理》上卷,朱志泰等译,商务印书馆 1987 年版。

[86] ［英］A. P. 瑟尔瓦尔:《增长与发展》,金碚等译,中国人民大学出版社 1992 年版。

[87] ［英］S. 沃尔曼:《发展概念》,英国剑桥大学出版社 1977 年版。

[88] Subal C. Kumbhakar, M. Denny, M. Fuss, "Estimation and Decomposition of Productivity Change When Production is not Efficient: a Panel Data Approach" Econometric Reviews, Vol. 60, September 2001.

[89] Weining Mao and Won W. Koo, Productivity Growth, "Technological Progress, and Efficiency Change in Chinese Agriculture after Ru-

ral Economic Reforms: a DEA Approach" China Economic Review, Vol. 8, No. 2, July 1997.

[90] Morley, "Causality between Economic Gravth and Inmligration: An ARDL Bounds Testing Approach" Economics Letters, Vol. 90, September 2006.

[91] Fan, Shenggen, "Effects of Technological Change and Institutional Reform on Production Grovth in Chinese Agriculture" American Journal of Agricultural Economics, Vol. 73, March 1991.

[92] Fan, Shenggen and Pardey, Philip G, "Research, Productivity, and Output Grovth in Chinese Agriculture" Journal of Development Economics, Vol. 53, January 1997.

[93] Fare, R., Grosskapf, S. and Lovely C. A. K., Production Frontiers, Cambridge: Cambridge University Press. 1994. p. 189.

[94] Farrell, M. J, "The Measurement of Production Efficiency" Journal of Royal Statistical Society, Series A, General, Vol. 120 (3), April 1957.

[95] Felipe, Jesus, "Total Factor Productivity Grovth in East Asia: A Critical Survey" The Journal of Development Studies, Vol. 35, July 1999.

[96] Grilliches, Z, "An Exploration of the Economics of Technological Change" Econometrics, Vol. 25, June 1957.

[97] Hayam, Y and Ruttan, V, "Factor Price and Technical Change in Agricultural Development: the United States and Japan, 1880 – 1960" Journal of Political Economy, Vol. 78, October 1970.

[98] Kalirajan, K. P., Obwona, M. B. and Zhao, S, "A Decomposition of Total Factor Productivity Grovth: The Case of Chinese Agricultural-Crowth before and after Refomrs" American Journal of Agricultural Economics, Vol. 78, April 1996.

[99] Lambert, D. K. and Parker, E, "Productivity in Chinese Provincial Agriculture" Journal of Agricultural Economics., Vol. 49 (3),

March 1998.

[100] Lin, Justin Yifu, "Rural Refomrs and Agricultural Growth in China" American Economic Review, Vol. 82 (1), June 1992.

[101] Lin, Justin Y. and Yao, Yang, Chinese Rural Industrialization in the Content of the East Asian Miracle, New York: The Oxford University Press 2001.

[102] Mao, Weining Koo and Won, W, "Productivity Growth, Technological Progress, and Efficiency Change in Chinese Agriculture after Rural Economic Reforms: A DEA Approach" China Economic Review, Vol. 2, December 1997.

[103] McMillan, John; Whalley, John and Zhu, Lijing, "The Impact of China's Economic RefamLS on Agricultural Productivity Grovth" The Journal of Political Economy, Vol. 97 (4), August 1989.

[104] Mead, Robert W, "A Revisionist View of Chinese Agricultural Productivity" Contemporary Economic Policy, Vol. 21 (1), May 2003.

[105] Rosegrant, M. W. and Evenson, R. E, "Agricultural Productivity and Sources of Growth in South Asia" American Journal of Agricultural Economics, Vol. 56, July 1992.

[106] Schultz, Theodore W, Transfomung Traditional Agriculture, New Haven: Yale University Press. February 1964.

[107] Wen, G. J, "Total Factor Productivity Change in China's Faming Sector: 1952—1989" Economic Development and Cultural Change, Vol. 42, May 1993.

[108] Wu, Shunxiang; Walker, David; Devadoss, Stephen, "Productivity Grovth and Its Components in Chinese Agriculture after Refom LS" Review of Development Economics, Vol. 5 (3), February 2001.

[109] Xu, Xiaosang and Jeffery, Scott R., "Efficiency and Technical Progress in Traditional and Modern Agriculture: Evidence from Rice

Production in China" Agricultural Economics, Vol. 18, May 1998.

[110] Allan, Rae and Ma, Hengyun, "Projecting China's Grains and Meats Trade: Sensitivity to Agricultural Productivity Grovth" Presented at International Agricultural Trade Research Consortium Annual General Meeting, Session, an Research Plan and Reports, December 2003.

[111] Alston, Julian M. ; Pardey, Philip G. and Roseboom, Johannes, "Financing Agricultural Research: International Inveshnent Patterns and Policy Perspectives" World Development, Vol. 26, May 1998.

[112] Caves, D. W; Christensen, L. R. and Diewert, W. E. , "Multilateral Comparisons of Output, Input and Productivity Using Superlative Index Numbers" Economic Journal, Vol. 92, November 1982.

[113] Coelli, Tim, D. S; Prasada, Rao and Battese, George E, An Introduction to Eficiency to Efficiency and Productivity Analysis, Boston. MA: Kluwer Academic Publishers 1998.

[114] Coelli, T. J. and Prasada, Rao D. S. , "Total Factor Productivity Grovth in Agriculture: A Malinquist Index Analysis of 93 Countries, 1980—2000" The Plenary Paper at the 2003 International Association of Agricultural Economics Conference in Durban, August 16 – 22, 2003.